SENSITIVITY AWA

敏感力覺醒

激發高敏感孩子的內在潛能

李小妃 著

情緒管理、人際交往、自我接納、潛能開發……
挖掘敏感背後的寶藏，全方位強化孩子的高敏力

樂律

拒絕貼標籤！高敏感不是「玻璃心」

探索高敏感背後祕密，點亮孩子無限潛能

以理解代替責罵，掌握孩子心靈密碼

成就孩子未來的關鍵，父母必讀的教養寶典

目錄

目錄

前言
敏感是與生俱來的禮物

你是否有過這樣的經歷？

對身邊的氣味特別敏感，別人覺得很 OK，而你卻覺得難以忍受，甚至呼吸不暢只想逃離。

喜歡獨處，不喜歡熱鬧的地方，聽到嘈雜的人聲就心跳加快，甚至有點頭暈。

敏感多疑，凡事想太多，愛鑽牛角尖，被人說成是玻璃心。

總是懷疑自己，覺得自己做得不好，特別在意別人的評價，身邊人不經意的一句話也能讓你想半天。

覺得孤獨沒人理解。

共情能力強，容易被感動，像個「愛哭鬼」。

現代社會競爭激烈，常常讓人感到壓力很大，而有以上經歷的朋友會比一般人要承受更大的考驗，他們常常被人誤解，覺得自己很怪，和別人不一樣，甚至還會出現心理問題。而歸根究柢，這些經歷和感受在他們小時候就出現了。由於家長的不重視和忽視、不懂和誤解，兒童時期被人說成是「缺陷」，這些感受隨著年齡的增長逐漸加深，又被身邊的人貼上「怪人」的標籤。

其實這不是「缺陷」，也不是「怪」和「特殊」，而是「高敏感型人格」的一種體現。

全世界每五個人中，就有一個是「高敏感者」，具有高敏感人格，他們對細微的事物非常敏感，也常常被人貼上「敏感」「玻璃心」和「特殊」的標籤。同樣，每五個孩子中就有一個高敏感的兒童。

我始終認為，孩子的世界就是非常乾淨的一張紙，給他溫暖和關愛，鼓勵和呵護，他的世界就是色彩斑斕的，充滿正能量和希望。如果給他冷漠和疏遠，甚至暴力和傷害，那麼他的整個人生都會處於陰影當中，悲慘無比。

擁有高敏感特質的孩子，他們的這種天賦是否能實現轉化，敏感成為弱點還是優勢，父母的教育至關重要。

好的家庭教育來自父母的言傳身教，是一棵樹搖動另一棵樹，一朵雲推動另一朵雲，一個靈魂喚醒另一個靈魂。對於高敏感的孩子而言，父母的影響力則更為巨大。高敏感的孩子心思比較細膩，容易被一些小事影響情緒。由於他們不會表達自己的為難，陷入負面情緒的黑洞後無法自救，他們經常被身邊的人誤解和忽視。如果孩子的痛苦一直得不到舒緩，他們的敏感得不到父母的重視，那麼他們就會很容易形成心理創傷，整個童年都彷彿被陰雲籠罩。

面對高敏感兒童，父母首先要意識到高敏感是孩子與生俱來的天賦。

美國著名的心理學家伊萊恩・阿倫（Elaine N. Aron）博士是高敏感心理學研究的先驅，她認為，高敏感族群在出生時就具有一種特殊的神經系統，可以更深入地感知和處理接收到的資訊。透過調查發現，世界上有15％到20％的人是高敏感者。如果高敏感孩子在童年時期能得到正確的引導和教育、這些高敏感行為能夠被恰當地對待，那麼就能避免由此產生的負面情緒，不會讓孩子留下童年陰影。

阿倫博士還認為，與其長大後再干涉孩子的高敏感行為，撫平他們心靈上的傷痕和陰影，不如在兒童時期就開始著手預防問題的發生，這樣會讓問題變得更加簡單。

孩子的問題，再小也是大事，需要父母足夠的重視。

父母一定要在童年時期就給予高敏感孩子足夠的關愛，理解他們的小敏感，而且堅信他們的敏感力可以得到轉化，讓孩子的敏感真正成為一種天賦，挖掘他們的敏感寶藏。

如果你的孩子天性敏感，會因為一件小事受刺激，經常被負面情緒困擾，愛哭、玻璃心、喜歡討好他人，社交焦慮……那麼你可以透過這本書來一層層深入地了解你的孩子，知道什麼是高敏感，走進孩子的內心世界，了解孩子敏感背後藏著的祕密和潛力，以及如何與高敏感的孩子相處，如何從情緒、社交、情商等方面引導孩子將高敏感轉化為優勢，替孩子的人生增加幸福感和競爭力。

現在，讓我們一起走進高敏感孩子的內心，開始幫助他們轉化吧！

第一章

理解孩子的敏感世界

高敏感兒童與生俱來的神祕氣息

生而為人，每一個人都是宇宙洪荒中的一粒塵埃，但每一粒塵埃都是獨一無二的，是值得被珍視的。有的人生來很聰明，他們在歌唱、繪畫或彈奏樂器上表現得很有天賦，而有的人很「奇怪」，他們敏感，玻璃心，很膽小，怕交際。

「你太敏感了！」很多人被貼上這個標籤。

敏感，看起來被世人定義為貶義詞，是「奇怪」的代名詞。但事實上，敏感得到合理轉化就會變成敏感力，是與生俱來的神祕特質。

高敏感不是突如其來的，這種敏感特質是從出生開始就存在的，孩子的表達能力和理解能力不如成人完善，不能清楚地表達內心的感受和想法，往往就會被家長誤解和忽視，從而影響了「敏感力」的轉化。他們越是被忽視，被誤解，被打斷，就越會陷入一個困境，從而愈演愈烈，最終，高敏感成為他們名副其實的弱點，長大後也會被人評價為「太敏感」，從而陷入一個惡性循環，永遠在其中受煎熬。

有人會問，孩子具有高敏感的特徵，是好還是壞呢？

唯物辯證法告訴我們，凡事都具有兩面性，高敏感到底會轉化為優勢還是劣勢，是具有不確定性的。那麼如何將高敏感轉化為敏感力，合理利用這種獨一無二的天賦，就需要父母和老師足夠的重視了。

很多父母覺得孩子難管，認為他們小題大做，動不動就玻璃心，實在是太敏感了。當周圍出現「孤僻」和「自閉」的聲音時，他們往往如臨大敵。

讓我們來看看這些孩子都有什麼樣的行為吧。

「幼稚園的老師說孩子總是要求換衣服，畫蠟筆畫時不小心劃上一點就坐不住了，明明不影響美觀，硬是哭著說難受要換衣服。她在嬰兒時期就有點敏感，只要壓在身下的衣服有點皺褶就哭，我們也是在她哭了好久之後才察覺到是衣服的問題。」

「我家孩子有點不合群，不願意和其他小朋友玩，甚至有些膽小，見了親戚總往後躲，過年時也喜歡一個人待在屋子裡玩。」

「我最近被寶寶折騰得整夜睡不著，寶寶晚上睡覺不踏實，一丁點聲音都能被驚醒，醒了就哭，他對聲音太敏感了，這也太難搞了。」

「她太愛哭了，別的小朋友被罵，本人還沒什麼反應，她倒是先哭了。」

「我家孩子好像很會察言觀色，對我情緒的感知也很準，周圍的人表現出不開心時，她會變得很安靜，不給人添麻煩。她太乖了，反而讓我感覺不太對。」

很多人會將泛自閉症和高敏感搞混，一旦發現孩子不合群，不愛說話，性子孤僻，喜歡一個人玩等，就會認為他們有自閉傾向。把孩子對聲音和觸感的敏感度誇大，覺得孩子的行為怪異。其實如果發現這樣的問題，家長首先應該考慮的是這個詞：高敏感。

小孩子的認知能力是一點一點累積和加強的，小時候遇到問題所產生的行為是需要家長幫助引導的。當他們出現高敏感的行為時，難免不會被周圍的人影響，當「愛哭鬼」、「膽小鬼」、「不合群」、「孤僻」、「怪異」這些字眼頻繁出現在他們耳邊時，他們的心靈會受到傷害，久而久之就會演變成心理問題，產生悲觀和失落等負面情緒，影響心理健康。

行為心理學有這樣一個觀點，習慣是人類的第二天性。具有高敏感特質的孩子更需要培養出一種習慣，他們需要父母正確的引導和幫助，將別人眼中的劣勢轉化成優勢，習慣這種「不一般」的生活。

高敏感孩子需要父母的理解和教育，當孩子出現上述高敏感行為時，父母需要做到以下幾點：

首先，轉換視角，站在孩子的角度看待問題。

我們有時不理解孩子的行為，一件很小的事，在孩子眼裡卻是天大的問題。比如菜湯灑在衣袖上，我們覺得還好，可以繼續上學或玩耍，但敏感的孩子不這樣認為，他們會一直想著、會認為不舒服、出現哭鬧等狀況，直到問題被解決。

在孩子出現敏感的小問題時，我們不妨站在孩子的角度分析一下，代入孩子的小敏感行為，去設身處地地感知他們的情緒，深入了解孩子出現敏感行為的原因，和孩子一起解決它。

其次，切忌亂貼標籤，要引導孩子主動開口說出自己的感受。

當孩子出現高敏感的行為時，我們很容易替他們貼上「愛哭鬼」、「敏感」、「矯情」、「內向」等標籤，敏感的孩子大多內向，他們不願意主動表達自己的感受。所以我們首先要做的是不輕易下結論，認定孩子敏感、內向或不合群，這個時候要有足夠的耐心，和孩子聊天，傾聽他們的聲音。

當孩子主動開口說出自己的感受時，不要覺得不可思議，要以平常心對待孩子的高敏感心理。比如，當孩子受到身邊朋友負面情緒的影響變得愛哭或生氣時，我們首先要鼓勵他們說出產生負面情緒的原因，再幫他們分析，和孩子一起找到緩解負面情緒的方法。

最後，支持和理解他們，讓敏感的孩子感受到父母與他們站在一起。

高敏感的孩子內心缺乏安全感，對自己的小敏感行為也會感到困惑，當發覺自己的行為與別人不一樣時，他們也會害怕，會擔心，甚至焦慮。這個時候，我們要用實際行動告訴他們，父母永遠會站在他們身後，理解他們，支持他們，全身心地愛著他們。

父母的愛會帶給孩子難以想像的力量，這種力量往往會伴隨著孩子一生。當外界質疑的聲音出現，我們可以牽著高敏感孩子的手，告訴他們不要擔心，跟他們說：「孩子，別怕，你的敏感我都懂。」

鼓勵和支持永遠是孩子快樂成長的泉源。父母的重視程度決定了孩子未來的成長。從此刻起，關心那個有著特殊天賦的孩子吧！為他們的人生畫卷增添一筆炫目的色彩。

高敏感兒童具有哪些特質

你的孩子是否具有以下行為？

經常哭，很難帶。

不喜歡和陌生人打招呼，只和熟悉的人說話。

對氣味很敏感，能聞到細微的氣味。

經常一個人若有所思的樣子。

不喜歡吵鬧的環境，更喜歡安靜。

不太合群，喜歡自己一個人玩玩具。

在外面玩了一整天後晚上難以入睡，興奮地要跟你講很多話。

很能感知你的情緒，在你情緒不穩時會變得很乖，有時還會安慰你。

注重身邊的細節，觀察力比你還敏銳。

如果你的孩子擁有上述相似的行為，那麼他很有可能是高敏感孩子，具有一般人沒有的特質。

別擔心，高敏感並不是一種缺陷，也不是孩子的性格弱點，它完全可以轉化為幫助孩子健康成長的重要因素。

心理學家榮格（Jung）認為高敏感可以豐富人們的人格特點。高敏感不是病態，不必歸為病理特徵中。

也就是說，具有高度敏感的孩子，他的人格特徵更加飽滿，還可能增加人格魅力。但高敏感會受到周圍環境因素的影響，如果生活環境惡劣、充滿誤解，那麼這種高敏感特質就會朝著負面方向發展，讓孩子產生心理問題。

美國著名心理學家伊萊恩·阿倫是高敏感心理學研究的佼佼者，她提出要對高敏感孩子做出更多的關注和引導。因為具有高敏感特質的孩子既有可能貼心聰明，也有可能讓人耗費心力，讓父母找不到解決問題的鑰匙。因此家長的教育方法格外重要，要非常有耐心和毅力。

家長首先要做的就是辨識出孩子的高敏感特徵，理解高敏感行為，學習引導的方法。

那麼高敏感孩子具有哪些特徵呢？

伊萊恩·阿倫博士在她的著作《孩子，你的敏感我都懂》中提出了高敏感的四個特質，即深度處理、容易過度接受刺激、情緒反應大，同理心很強、能敏銳地察覺細微刺激。

下面就讓我們一起理解一下這四個特質。

深度處理

具有深度處理特質的高敏感孩子會比同齡人表現得成熟，他們會深度處理大腦接收到的資訊，做事和說話前喜歡深思熟慮，謀定而後動，往往給人一種內向的感覺。

孩子不喜歡和小朋友交流和溝通，在外面怕生，膽子小不敢回答老師的問題，害怕選擇，常常有左右為難的意思。其實這種行為不是膽子小或者內向，他們不是不願意說話、不敢回答老師的問題，而是在深度思考聊天的內容以及老師提出的問題，他們的大腦在高速運轉，冥思苦想。如果家長充分發揮孩子的這種特質，就能讓孩子養成行動前先思考的好習慣，孩子長大後面對生活或工作上的難題也會深思熟慮後再做決定，幸福指數和成功機率也會增加。

孩子會刻意學習家長的表達方式，會說出與年齡不符合的話，有時候問問題比較尖銳，常常讓家長很難回答。有些外向型的孩子還表現得具有幽默感，是一個家庭裡的開心果。

容易過度接受刺激

高敏感兒童對於接收到的刺激很難消化，無論正面的還是負面的，他們只會一直接收，這些刺激會積聚在他們的心底，越累積越沉重，直到心靈不堪重負。

考試後能讓老師掛在嘴邊的，除了第一名，就是那些平常測驗很好、但一考試就失利的學生了。這一類學生就有高敏感的特質，備受矚目成為焦點或遇到透過考試來檢測實力的時候，往往會因為過度接受刺激而壓力增大，精神上疲憊不堪，最終發揮失常。

另一種情況是孩子在外面玩了一整天，大腦和身體接受的事物太多，到了晚上會變得很興奮，熱情遲遲不能消散。有些孩子玩了一天晚上不睡覺就是這個道理，他們不是不好帶，只是高敏感這個特質讓他們表現出這樣的狀態。

他們不喜歡熱鬧的生日派對，不想要太大的驚喜，怕冷怕熱，更怕痛，感官比一般孩子更強烈。天冷的時候往往比父母還要在意，會主動要求添衣服。

情緒反應大，同理心很強

共情能力強，能夠感知周圍人的情緒，對情緒的反應很敏感。心思細膩，感同身受比一般人更明顯。常見的表現有明明是其他小朋友被責罵，他反倒先哭了。富有同理心，見到小朋友不開心會難過，會主動關心。如果父母恩愛，和諧幸福，孩子也會很高興，情緒和心態多半是正面樂觀的；如果父母經常吵架，大吼大叫，孩子也會最先難過，沒有安全感。

能敏銳察覺細微刺激

高敏感的孩子不僅對情緒感知很敏感，他們的感官也很敏感，往往表現在對聲音、氣味、味道、觸感等方面都有高於常人的感受。

他們能聽到細微的聲音，比如書房裡的翻書聲，睡眠品質不好，容易被驚醒。對飯菜很挑剔，味道不好就吐出來。對廁所氣味的要求很高，明明剛清洗過，還是覺得有異味。觸感也很靈敏，就像安徒生童話故事中的豌豆公主，床上有一粒豌豆，哪怕睡在二十床鴨絨被上都會覺得不舒服。

讓我們聽聽豌豆公主是怎麼說的吧！

「我差不多整夜都沒闔上眼！天曉得床下有什麼東西？一粒很硬的東西碰著我，弄得我全身發紫，這真的太可怕了！」

接觸高敏感心理學後才發現，原來豌豆公主就是個高敏感孩子。

很多父母覺得撫養一個高敏感的孩子太辛苦，要付出比養育一般孩子更多的精力去教養。但我們可以這樣想，每一個孩子都是世上最珍貴的珍寶，我們在教養孩子的同時，也在他們身上學到很多，比如簡單的快樂、愛和關懷。他們可以更快地感知我們的情緒，用他們純真的笑容和話語幫助我們度過充滿坎坷又精彩紛呈的人生。

高敏感兒童就是性格內向嗎？

很多家長認為高敏感就是性格內向、不愛說話、內心世界豐富；許多剛接觸高敏感心理學的學生也容易將高敏感和內向混淆。但實際上，高敏感和內向一樣，是人格中的兩種不同的特質，兩者有相似的地方，或者說，高敏感特質與內向特質存在重疊的地方。

在心理學中，內向是一種性格特徵，是帶有指向性的氣質，內向型的人在言語、思維和情感上向內收，往往在日常生活中表現得很安靜、不愛說話、與人有距離感。心理學大師艾森克(Eysenck)的問卷調查表明內向型的特徵有：「安靜，離群，內省，喜歡獨處而不喜歡接觸人。保守，與人保持距離，摯友除外。」

內向型性格的人注重內心世界，他們的能源來自自身的內在世界，但他們的內心更容易受到外部環境的影響，會時常產生內耗，常常將自己陷入身心俱疲的境界，所以內向型性格的人會刻意限制自己的交往範圍，從而減少精神壓力。辯證唯物主義告訴我們凡事都具有兩面性，內向的人可以將精力放在自己的內心世界，他們會自省，會深度思考，會欣賞自己的行為。但同樣，有些內向的人常常會表現得自信心缺失，害羞不愛說話，甚至是對外界提不起興致，對人冷漠。嚴重的內向還容易與自閉症混淆。

在人際交往中，「內向」這個標籤看起來似乎不那麼友好，貶義的成分較多。大多數人喜歡外向型性格的孩子，他們樂觀向上、開朗活潑，喜歡主動跟人打招呼、交朋友。他們表現得很活躍，充滿自信心，很喜歡主動探索世界，而且能很快地適應周圍的環境。

那麼具有高敏感特質的孩子呢？他們就一定性格內向嗎？

答案是否定的。根據調查研究顯示，在擁有高敏感特質的人當中，其中內向型占七成，而剩下的三成則是外向型。也就是說，高敏感的兒童也是可以擁有外向型性格的。

高敏感兒童主要是內向型居多，他們原本的內心世界就已經很豐富，不需要更多的外界刺激，如果家長干涉不多，往往會發展為社交障礙。但有些高敏感兒童雖然是內向型，但也表現得愛社交，對外界的社交活動沒有排斥心理，這或許就跟他們的成長環境有關了，由於他們具有較強的社會共情能力，更能洞察人心，如果家庭環境要求他們具備較強的社交能力，那麼他們就會表現得喜歡交朋友。

或許我用一個案例來解釋會讓家長朋友更容易理解。

家長們總喜歡在逢年過節時讓孩子表現，吃飯前發言表達一下心情，點餐前致辭。飯後喝茶時要看孩子表演，背詩、跳舞、彈琴，無論什麼，你需要表現，用一個民俗的詞語叫「出頭」。如果孩子拒絕，身子往後縮，家長就會說：「我孩子怎麼這麼不出頭！」或者說：「真是沒出息，怎麼不像我一樣愛出頭！」

於是在特定的語言環境裡，孩子的思維被引入到一個迷思：按照家長的意願做會讓他們高興，只要做了就不會被罵。所以孩子在家庭聚會時表現得很好：聽話、愛表演，喜歡社交。

我的堂妹就具有高敏感特質，而且屬於內向型，節日對他人來說是「每逢佳節倍思親」，而堂妹則是「近鄉情更怯」，節日的熱鬧和團聚對她來說是洪水猛獸，避之而不及。

她是這樣說的：「我不喜歡過節，任何節日都不喜歡，特別是過年，每當親戚們聚在一起時，我只想找個沒人能找到的地方躲起來，我不喜歡表演節目，一點都不。」

聽到堂妹這樣描述我有些驚訝，因為她每次過節時都會被誇，特別是當她彈奏完一首曲子後，所有親戚都誇她懂事、乖巧，是家裡的才女。而且在我的記憶裡，堂妹是一個很喜歡熱鬧的人，總是最先跟親戚打招呼。

堂妹搖搖頭說：「我本身比較內向害羞，更喜歡一個人待著，但我媽喜歡外向開朗的孩子，而且每次我表演完節目她都會很開心，也不會再罵我內向不出頭了。」

原來在堂妹七歲那年，奶奶過八十大壽，家裡所有的親戚都去了舅爺家，酒過三巡，有長輩提出讓幾個年紀相仿的孩子表演節目，堂妹也在其中。她的內心是拒絕的，而且很牴觸，她認為祝福應該是主動的，發自真心的，所以她在見到奶奶時就已經送上祝福了，還為奶奶唱了一首生日歌。而且她知道，那幾個被點名的姐姐早已提前練習過，所以她只是被用來湊數的。當親戚們笑著讓她們站出來開始表演時，堂妹瘦小的身子一直往她媽媽身後縮，不肯出來。她媽媽覺得在眾人面前丟了面子，於是狠狠將她拽出來，說：「我的孩子怎麼這麼不出頭，你看姐姐們跳得多好，快去！」

堂妹的眼淚在眼眶中打轉，她覺得非常委屈，身體就被她媽媽強推出去。由於沒有提前練習，她的動作很不到位，跟不上節奏，臉上一點笑容也沒有，甚至還掛著淚水。於是親戚們的笑聲更大了。她說：「我當時覺得自己就是一個小丑，是讓親戚圍觀取笑的猴子。」回到家後，她還沒有從傷心中恢復，就再次被媽媽責備。後來堂妹發現，只要她在過節時表現得好，主動表演節目，媽媽就會獎勵她。堂妹的行為是在討好父母，她的性格受外界的環境所影響，是一種假象的外向。

高敏感兒童在社交中表現得很主動，而且明顯比平時活潑，很大一部分原因是來自外界環境的壓力。家長喜歡活潑開朗的外向型孩子，那麼孩子就會有意去改變，朝著家長喜歡的方向去努力。

關注高敏感兒童的心理是很有必要的，研究顯示，社會共情能力強的人往往壓力會更大，內心世界也更豐富，他們很善於觀察周圍的人，會很容易受到周圍人情緒的影響，通俗一些的說法就是：「心很累。」

那麼如何關注高敏感的孩子呢？首先，要了解他們內心的真實想法，透過溝通和傾聽知道孩子的心中所想，從而有針對性地引導孩子，培養孩子正確的意識，幫助他們認清自我。其次，不要輕易替孩子貼標籤，要尊重孩子的行為和選擇，呵護他們的內心，不要讓外界的環境影響孩子的判斷，從而做出錯誤的決定。最後，家長要學會控制自己的情緒，遇到問題要穩定心情，避免焦慮。當孩子喜歡獨處、不喜歡社交、內向害羞時，不要急於求成而讓孩子的心靈受到傷害，要對孩子有足夠的耐心，給孩子一些時間，讓他們在一個溫馨幸福的家庭環境中快樂地成長。

高敏感特質的兒童大多是內向型的，然而內向並不是判斷兒童是否具有高敏感特質的唯一標準。認真關注兒童的行為，關心他們內心世界的發展，不要將問題遺留到成年，在兒童時期就給予必要的介入，為他們創造最適合成長的生活環境，家長是責無旁貸的。

孩子膽子小不敢說話是高敏感嗎？

我在月子中心時認識了同一天住進來的產婦蕭玲，她說最近很苦惱，因為大寶七月膽子越來越小，見到熟人不敢說話，碰到陌生人打招呼，七月會害怕得直往大人身後縮，再說兩句就要哭，最近還說媽媽有了弟弟就不喜歡七月了。她覺得七月越來越敏感了。

大人往往很容易替小孩子貼上敏感、膽子小的標籤，他們認為沒有關係，或者只是隨口一說，但事實上，敏感的孩子會在意的。

蕭玲最近在網路上查資料，認為七月就是高敏感兒童。而且她認為孩子只要具備高敏感特徵的其中一點就是高敏感兒童。但高敏感兒童具有四大特徵：深度處理各種資訊，容易過度接受刺激，情緒反應大和同理心強，能敏銳察覺細微刺激，而且這四個特質缺一不可。

蕭玲認為孩子膽子小不敢說話，愛哭且敏感就是高敏感兒童，但要判斷一個孩子是否具有高敏感特質，還需要更全面的觀察，這樣才能找到孩子膽子小不敢說話的真正原因。

七月出生在夏天，出了月子天氣就有些冷了，家裡的奶奶擔心孩子被風吹到，要等孩子大一些再抱出去，而當孩子長到五六個月時，寒冬已至，天氣太冷也沒抱出去。孩子一歲時家裡老人又生病了，沒人帶孩子出去晃晃，就算出去也是匆忙回來，沒有機會讓小七月跟別的小朋友交流。可以說，一直到三歲，小七月出去跟其他小朋友玩的次數都很少，很少見人，也很少和小朋友說話。現在帶她去社區裡走走，她更喜歡自己玩，和其他小朋友玩時會膽子很小，扭捏著不敢說話，還很愛哭，總是待在家長身邊。

最近蕭玲生了第二胎，是個弟弟，有些親戚就逗小七月說：「媽媽有了弟弟就不要你了。」看似玩笑的一句話，對小孩子來說往往是最深的傷害。小七月當真了，她變得更不愛說話，也不願意出門了。

透過這個案例我們發現，導致七月膽子小不愛說話的原因是後天形成的，並不是天生的高敏感性格特徵。七月的這種行為不是高敏感，而是有了初期的社交恐懼心理。

兒童社交恐懼症需要引起家長的重視，而形成社交恐懼的原因與兒童成長環境和家庭本身是分不開的。七月從出生開始就很少有戶外活動，社會交往少，家長沒有充分發揮主觀作用，沒有特意培養和鍛鍊她的語言表達和溝通能力。

那麼當孩子因為社交恐懼而變得膽子小不敢說話時，家長應該如何做呢？

第一，綜合治療法。家長要改變孩子的成長環境，不要將孩子關在家裡，不要怕孩子凍著摔著，要讓孩子去探索未知的世界，提高孩子的抵抗力。家長本身要學會掌控自己的情緒，要有耐心，學會換位思考，給孩子尊重和支持。拒絕親戚的任何玩笑，諸如「媽媽有了弟弟就不要你了」這種話不要再出現，要呵護孩子的心理健康。

第二，系統脫敏治療。系統脫敏療法講究循序漸進，簡而言之，要一步一步來引導孩子走出對社交的恐懼。要在孩子不反對的基礎上帶孩子出去看看外面的世界，可以先去動物園與可愛的小動物交流，例如學會餵小鹿吃胡蘿蔔；再帶著孩子去和其他小朋友一起玩，讓孩子由陌生到熟悉，由一個到多個慢慢地接觸，同齡的小朋友會減少孩子社交的恐懼感；接著，用好看的繪本或玩具讓孩子主動或被動吸引其他孩子來參與，觀察孩子的接受情況；等孩子可以主動跟其他小朋友交往時，孩子的膽子就變大了，也愛說話了。多培養，勤練習，對社交的恐懼感就會逐漸減輕。

在社會上打拚的人們都穿著堅硬的外衣，以抵擋現實生活的殘酷，人們一旦有了孩子，就有了軟肋，希望孩子一直生活在快樂和幸福中，期待他們被社會溫柔以待。因此，一旦孩子出現某種問題的苗頭，家長就會忍不住猜測，比如孩子四個月了還不會翻身，拇指內扣，他不會是腦性麻痺吧？四歲的孩子孤僻不合群，從來不和小朋友玩，他不會是自閉症吧？小孩子膽小不愛說話，動不動就哭，她是不是太敏感了？

許多家長認為孩子「高敏感」的行為很怪，跟別人家的孩子表現得不一樣，是不對的，需要透過介入去「矯正」。具有高敏感行為的孩子的確需要家長去介入，但不是矯正，而是引導。

很多人替自己還不了解的人貼上標籤，不愛說話被貼上「膽子小」的標籤，對於高敏感兒童來說，這是一種誤解。高敏感孩子不愛說話，其實不是膽子小，而是在深度思考。

朋友趙姐的孩子小諾就與眾不同，天生具有敏感力，很聰明，對數字極敏感，記憶力超強。小學二年級時學校舉辦郊遊，同班有個男孩長得很討人喜歡，他帶了個會動的機器人，周圍的小朋友都很好奇地圍上去跟他說話，只有小諾不動，站在遠處默默看著。老師察覺到小諾的異常，於是將這件事告訴了趙姐，並說，雖然小諾學習成績很好，但平時不愛說話，也不與其他同學一起玩遊戲。老師告訴家長應該關注孩子內心的成長，注重素養教育。老師還舉了一個生動的例子：「不然小諾有一天得了大獎，卻因為膽子小不敢上臺領獎怎麼辦？」

郊遊結束後，小諾回到家，趙姐問小諾：「今天的活動怎麼樣？玩得開心嗎？」小諾一邊吃飯一邊回答：「還好，不過老師好像特別關注我，總是看我這邊。」趙姐問：「你是怎麼知道的呢？」小諾回答：「我能感覺到，我做什麼，老師都想看一下。」趙姐笑著說：「老師是因為關心你喜歡你才對你很照顧，你不要多想。」趙姐經常跟女兒溝通，女兒也願意跟她分享在學校發生的事情。既然小諾提到了老師，那她索性問：「你們李老師打了電話給我，她說你不主動和其他同學說話。其他同學都去看機器人，你為什麼不去呢？是不敢去嗎？」小諾想了想，說：「我在程式設計課上見過會動的機器人，所以不想去。而且張澤宇成績不好，只知道帶一些玩具去學校，我喜歡和成績好的人交朋友。」

高敏感的孩子喜歡深度交流和思考，心思細膩，就像案例中的小諾，她有自己的選擇標準，而且會按照這個思維去行事。

不愛說話是真，膽子小只是外界貼給她的標籤。

具有高敏感特質的小諾並不是膽子小不敢說話，而是在深度處理接收到的資訊。心理學家認為深度處理是高敏感的特徵之一。

高敏感兒童深度處理特徵的表現方式是很直觀的，他們會精準地抓到事物細微的變化，直覺很敏銳，比一般的孩子更容易接收到這種變化產生的刺激。

那麼高敏感兒童會有什麼樣的行為呢？

第一，能夠說出與同齡人不相符的言語，像個小大人，往往對家長來說是語出驚人。從小諾跟趙姐的對話可以看出，她有很強的邏輯思維，因為上過程式設計課，對同學帶來的機器人不感興趣，所以不像其他同學一樣圍上去交流。

第二，在做決定前會深度思考，不會過早地表達出自己的想法。這會造成膽子小、不合群，不願意參加集體活動的假象。

第三，高敏感兒童渴望深度交流，更深層次的問題才會引起他們的興趣。孕育子女本就是一件耗費精力的事情，教育一個高敏感的孩子就需要更多的關愛和耐心。

初為父母，我們並沒有經歷任何考核，也沒有任何相關經驗，只有在陪伴孩子的成長中一步一步艱難地走來，在一次次磨難中尋找養育孩子的快樂。

我們需要給高敏感的孩子更多的關注，了解他們行為背後的意思，給他們更多的理解與尊重。

爲什麼高敏感兒童普遍具有較強的共情力？

共情力，這個詞聽起來就很樂觀向上，帶著正面的元素。共情能力，也可稱為移情能力，是一種內在的心理活動，可以深入地處理從外部接收到的資訊，能夠設身處地地替他人著想，在感知他人情緒和情感方面格外突出。

有人說，這個社會根本不存在「感同身受」，痛點沒有落在自己身上，是不會切實感受到當事人的苦楚的。但對於具有高敏感人格的人來說，擁有超強的共情能力的確可以做到感同身受。

共情是指可以感受和洞察他人的內心世界，這個心理學概念由人本主義理論的創始人羅傑斯（Rogers）首次提出。而具有高敏感特質的人，他們的共情能力非常強，也可以說，這是一種天生的本能。當然，這種共情能力除去天賜，後天也是可以培養的。

腦神經科學家做過大量的實驗，研究結果表明，具有高敏感人格的人在情緒波動時，他們的意識反射區域，也就是大腦尾狀葉區域會有明顯的活躍度。他們對情緒的感知比非敏感族群更透澈和敏銳。這種對情緒的感知是生來就有的，這也是高敏感兒童共情力超強的主要原因。

現在我舉一個例子來進一步說明，大家會更好理解。

四大名著之一《紅樓夢》中的林黛玉就具有高敏感人格，

她在童年時期就是一個高敏感的孩子，她的敏感性格天生就存在，看到落花滿天，首先想到的是「花落人亡兩不知」，所以她去葬花，給落花一個「質本潔來還潔去」。她似乎可以感受到落花的悲傷，失去生命隨風漂泊的無奈與淒涼。中秋佳節曲終人散後，看到殘荷會獨自落淚，聽到「良辰美景奈何天，賞心樂事誰家院」也會落淚。對周圍的人和物，她都會有很敏銳的感知，會很快察覺到他人的情緒。

林黛玉的這種對情緒的感知是與生俱來的，她的共情能力比一般的孩子都要強。但凡事都具有兩面性，共情能力可以朝著好的方向發展，也會有其不好的結果。而林黛玉的這種超強的共情力加速了她的死亡。那麼影響共情能力發揮作用的決定性因素是什麼呢？是周圍人的情緒。高敏感的人接觸的情緒是正面陽光的，那麼就會產生好的效果，如果接觸的人是負面的，那麼事物不好的一面就會占據他的固有思維。

高敏感孩子共情力超強的另一個影響因素是外界環境，最直接相連的就是家庭。

腦神經科學家認為兒童的高敏感特質是天生的，他們的腦神經細胞比一般人更活躍，對外界的感知更敏感。因此，高敏感性格不是透過後天培養出來的，但後天環境，特別是原生家庭對高敏感孩子的影響是深遠的。

對於林黛玉的家庭環境書中沒有過多提及，只說了林如海娶了賈敏，賈敏生了兩個孩子，兒子在三歲時早夭。林如海在不惑之年仍舊膝下無子，只有一個五歲的林黛玉。古代的世家大族對於子嗣的要求很高，生兒子成了古代婦女最重要的使命，賈敏婚後育有一子，三歲早夭，她的心情一定很不暢快，接下來一直沒有孩子，生林黛玉時已經是高齡產婦，非常耗費心血。她沒有兒子，來自公婆的壓力很大，為了綿延子嗣，讓丈夫納上幾房妾室是很有必要的。因此，賈敏的婚後生活並不幸福，她的情緒也就感染到了林黛玉。林黛玉才情過人，她母親在這方面應該對她很嚴格，而在不經意間流露出來的對娘家生活的嚮往、對丈夫納妾室的傷懷和憤怒、生不出兒子的悲觀和失落，以及高齡產子後的身體虛弱與情緒不佳，這些負面的情緒對於敏感的林黛玉來說，無疑是不良的引導。兒童時期的林黛玉接觸了大量的負面情緒，導致她對事物的感知也常常朝著不好的方向去，她很悲觀，固有思維也很負面。

美國加州大學的教授斯霍勒（Sworth）說過，剛出生的嬰兒就已經有情緒機制的雛形了，但嬰兒並不知道如何管理自己的眾多情緒，他們需要去學習，依靠撫養者（絕大多數是母親）來引導和教育他們如何去控制情緒。

所以孩子從嬰兒時期就開始跟母親學習如何去控制和處理自身的各式各樣的情緒了，母親的情緒很容易影響到孩子，孩子也會模仿母親處理情緒的方法。

母親對孩子的影響是深遠的，對高敏感孩子來說，這種影響的作用力會更大。

高敏感兒童的共情力很強，他們在共情力的發展方向上是有正反兩個方面的，例如林黛玉，她對情緒的處理偏向於悲觀和消極，是負面方向的。而有些孩子的共情力表現在正面且樂觀的情緒上，這需要父母特意引導和教育。

同事林夏喜歡在網路上分享育兒經，據她描述，她的孩子點點就是個高敏感的孩子。五個月時的點點已經會認人了，她居家辦公，有時會不自覺地將工作中的情緒帶給孩子。她發現，當她完成一個專案時，孩子看到她會手舞足蹈地特別開心，滿臉的笑意。而當她被主管罵時，孩子小臉蛋上的笑容沒有了，他會呆呆地看著林夏，小拳頭放在身上，一副很害怕的表情。漸漸地她發現是自己的情緒影響到了點點。

點點不僅對情緒的感知很強，他還有點怕聲音，有點聲音就會把他從睡夢中驚醒。三歲後，他變得很有同理心，看到撿垃圾的老奶奶會替她擔心，會問：「奶奶會冷嗎？她不累嗎？我們去幫幫她。」

林夏看過很多關於高敏感兒童的書籍，認為點點就是天選之子，既然點點擁有與生俱來的敏感小天賦，那麼作為母親，就更應該格外注意自己的言行，不要讓自己不經意的動作和語言刺痛孩子脆弱的小神經，而且她還特意幫助點點建立自信心，讓他勇敢地面對自己的內心。

點點的性格偏向於內向型，遇到事情喜歡自己思考，因此，每當點點悶在一邊不說話，或者從幼稚園回來不開心時，林夏總是第一時間去詢問。她會讓丈夫搬個小板凳坐在點點身邊，要爸爸與兒子來一次「男人的談話」。育兒專家說，父親在孩子成長過程中的作用是不可替代的，父愛會讓男孩更勇敢，會讓女孩更有安全感。

點點看到爸爸來了，並沒有排斥，因為這並不是第一次談話。他看了看爸爸，聽到爸爸對他說：「點點，今天在幼稚園不開心嗎？」

雖然父母總是想要從孩子身上知道更多，一時間恨不得問許多的問題，但有效的溝通往往是循序漸進、由淺入深的，問題要一個一個地問，一次不可貪多。孩子的思維和記憶力不比成年人，一次性問太多問題，孩子會不知道回答哪個。

點點雖然情緒不佳，但不排斥和爸爸溝通，他會直接跟爸爸說：「我不開心。」

爸爸又問：「為什麼不開心啊？」

點點說：「幼稚園裡的小朋友說我是馬屁精，爸爸，馬屁精是什麼意思？小朋友都在笑，趙俊澤一定是在罵我！」

原來，今天下午幼稚園有跑步比賽，小朋友都在排隊等著老師，但趙俊澤想要快點跑出去，於是推了站在他前面的孫兆麟，孫兆麟的膝蓋磕破了皮出了血，趴在地上哭了鼻子。這一幕讓點點看到了，他覺得很痛，也跟著哭了。老師過來詢問，點點將事情的經過告訴了老師，於是趙俊澤回到班上就說點點是馬屁精。

了解了情況後，爸爸對點點說：「下次如果有小朋友跌倒了，點點不要哭，去把小朋友扶起來好不好，我們點點是小男子漢，小男子漢是最勇敢的，知道嗎？還有啊點點，爸爸是不是告訴過你，在家裡或者在外面一定要誠實，看到什麼就說出來，這是很正常的事情啊，如果下次還碰到這種事，點點也要把自己看到的告訴老師好不好，點點這一次就做得很棒，爸爸為你感到驕傲。」

點點哭著點頭，嘴上還說著「好」。這時候爸爸將點點抱起來，一邊輕輕拍著他的背一邊說：「點點堅強，點點不哭。」

從這個案例可以看出，母親和父親在孩子成長過程中的作用是不可忽視的。母親注意自己的情緒，父親負責與兒子面對面溝通，這對於具有高敏感特質的點點來說，無疑是最棒的。在家庭環境裡，父親和母親會引導孩子朝著正面樂觀的方向去生活和學習，鍛鍊孩子處理所遇到情緒問題的能力，那麼將來孩子再遇到類似的情緒問題，感知到外界的不良情緒後，他就不會再陷入負面情緒的惡性循環，可以將心態調整到最佳狀態，保持良好的心情。

高敏感孩子的共情能力強，他們的心更像是需要細心呵護的水晶，父母要用陽光和色彩去滋養，不要用烏雲和陰影去塗抹，一定要學會守護孩子水晶般的心靈呀。

如何看待對事物過度認眞的孩子

「我兒子平常考試都挺好，可一到重要的考試就發揮失常，考試前我看他比平時更努力地複習，怎麼會考不好呢？」

「茜茜很看重體育考試的成績，考試之前和我練習過很多次，其中一項是仰臥起坐，需要有人配合按住雙腳才能順利完成，每次和我練習完她都很滿意，一度認為自己可以拿到最高分。但考試那天卻出了狀況，和她配合的同學沒有好好地做好輔助工作，仰臥起坐這一項她沒有拿到分，回來後哭了一個小時。」

「我女兒演講水準很高，但每次到重要的場合就緊張，才說了兩句就緊張到說不出話來，連雙腿都在發抖。」

「天天剛上學時每次都遲到，我越提醒他就越遲到，我只好親自送他上學。可天天對待學習的事情一向都很認真啊，為什麼還會遲到呢？」

「依依對自己很嚴格，做事非常認真，她最近跟我說自己好累，壓力太大，晚上躺在床上，腦海裡總是不斷浮現出白天老師講的題目，入睡越來越困難，好不容易睡著了也會夢到考試的情形，不是題目不會就是寫不完。我該怎麼幫她呢？」

你的孩子是否也會遇到類似的問題呢？對待事物過度認真，在意考試成績，對自己要求嚴格，這些行為是對的嗎？

上述孩子的行為存在相似點，他們在意某件事情，而越在意，結果反而越不盡如人意。問題的癥結就在「在意」二字。在意、過度認真，就意味著要花費精力去提醒自己，透過不斷的心理暗示加強記憶。總是提醒自己不要遲到，結果反而會遲到；在意考試成績，往往也考不好；演講前的準備工作越多，演講時就越緊張……這些都是因為孩子的潛意識中被灌輸了過多的心理暗示，形成了壓力，壓力一大，心思敏感的孩子就容易出錯。下面我用一個著名的心理學效應來解釋，各位家長或許會更好理解。

「瓦倫達效應」，心理學上著名的效應之一，它以人名命名，是發生在美國的真實事件。瓦倫達是一個高空走鋼絲的表演藝術家，他的表演精彩絕倫，而且動作穩健，從來沒有出過事故，以高超的技藝聞名於世。有一次表演團接了一個重要演出，要求他為重要的客人表演，他非常認真地準備了這次演出，認為自己揚名立萬的時機到了。他在演出的前一天就開始準備，思索動作和細節，一次次地在腦海中演練。與以往表演前的準備不同，從前他只需要準備表演的動作和細節，而這一次，他還想著表演會帶來的效果：表演成功會奠定他在美國演藝界的地位，表演團也會收穫頗豐。考慮的事情多，心理暗示加重，到演出那天，他只做了兩個難度低的動作就出現失誤，踩空鋼索，從十幾公尺高的空中掉了下來，命喪黃泉。

事後，瓦倫達的妻子表示，這次演出前瓦倫達總是患得患失，憧憬表演成功後可以達成的效果，擔心失敗會帶來的損失。

這種患得患失的心態促使他走向失敗。心理學家將這種為了達到某種目的而患得患失的心態稱為「瓦倫達心態」。

這也就解釋了本文開始時提出的問題，那幾個孩子都是因為太過在意，在做事情前出現了「瓦倫達心態」，過分追求事情的結果，所以，越在意、越擔心，與設想不同的結果就越會出現。

具有高敏感特質的孩子更容易受到外界壓力的影響，他們本身心思敏感，喜歡深度思考，給自己的心理暗示越多，就越會影響其正常水準的發揮。這也就解釋了為什麼有些學生平時考試年級前十，可一到重要考試就「凸槌」。壓力和暗示讓他們感到興奮或焦慮，這會影響睡眠品質。而在考場，失誤也往往出現在簡單的題目上。

我的朋友劉敏從小就對事物過度認真，她很在意考試成績，在意鋼琴檢定級數，好勝心太強，就連和小朋友玩最普通的遊戲都要勇爭第一。此外，她對聲音還特別敏感。據她描述，她甚至能夠聽到蚊子從客廳朝她飛來的聲音。因此從孩童時期開始，她的睡眠品質就不好，每天都掙扎在似連續劇一般的夢境中。具有高敏感特質的她常常思索事情，別人說的一句很簡單的話，在她聽來都是別有用心，需要思考許久。她彈鋼琴很厲害，是很好聽的那種，水準不如她的朋友，十級都過了，但她就是過不了。每次考試前她都非常認真地練習，而且對自己說：「這次檢定考試一定要過，過了就可以拿到證了，媽媽會很高興，我也不會再被同學嘲笑了。」

考前的鼓勵適度即可，但劉敏接收到的鼓勵太多了，有來自父母的、鋼琴老師的、好友的，也有已經過了鋼琴十級的同學的，當然，還有她自己的。然而她還不知道，這些鼓勵的話句句扎心，已經化作一座座大山壓在她身上，她的神經已經繃得很緊，有明確目的的心理暗示壓得她透不過氣。顯而易見，考前的這一夜又與深度睡眠無關。好不容易入睡，卻又夢到考試，不是曲譜看不清，就是鋼琴的音不準。結果她再一次與鋼琴十級的證書擦肩而過。

兒童時期的劉敏對考試成績的執著和認真完全來自她媽媽的灌輸，考試成績是媽媽的面子，榮譽證書是打開媽媽笑容的開關。她很會體諒媽媽的不易，確切地說，是很會察言觀色。考試成績好，媽媽會很高興，情緒很好；考試成績不好，媽媽會當眾責罵她，拿到證書媽媽會笑，檢定考試沒通過，媽媽會不和她說話。

由此可以看出，高敏感兒童會因為對事物過度認真和執著，導致心理壓力過大，從而陷入「瓦倫達效應」的惡性循環，很重要的原因在於父母的刻意引導。長此以往，當孩子遭受的打擊累積到一定程度時，自信心就會缺失，孩子正常的生活會受到影響，心理上也會出現問題。

那麼，應該如何去避免高敏感兒童出現「瓦倫達心態」、讓他們不再過度追求成績，減少心理上的壓力呢？

第一，家長要注意鼓勵的話語，要堅持適度原則，不要把自己的想法強加給孩子，要尊重孩子的行為。很多家長會將自己的夢想和期許轉換到孩子身上，讓孩子考清華、上臺大；讓孩子長大後成為醫生、老師；要孩子放棄土木工程改學金融；考試需要達到年級前十；鋼琴要過十級……諸如此類，美其名曰是為了孩子好，但事實上，這些概念都是父母給的，是他們的要求；一旦不達標，或者沒有按照他們的標準去做，那麼後果就嚴重了，孩子承受的心理壓力往往也會更大。

教育孩子說來也簡單，想要孩子成為怎樣的人，那麼你就要先成為那樣的人。自己都沒有達成的目標和夢想，要孩子去實現，這很難。

第二，要孩子正確看待人生中的每一次考試，不要追求勝負，要用平常心，參與其中也是一種勝利。父母應該幫助孩子樹立正確的考試觀，讓孩子知道眼前的一場考試只是萬里長征的一步，在人生漫長的道路上，考場到處都是，考試也經常上演。要學會在一次次失敗中笑著繼續走下去，勝負只是兩種結果，不要過度糾結。

第三，幫助孩子建立自信心，教會他們如何面對失敗。高敏感的孩子經過多次失敗後他們的自信心會受到影響，很多家長在孩子考試失利後用責罵的方式去表示不滿，他們的本意是鼓勵孩子再接再厲，但事實上效果卻一般，孩子會對失敗更敏感，還會讓他們對考試產生恐懼心理。

失敗後，孩子會因為家長的情緒而變得不安，這個時候要告訴孩子失敗並不可怕，可怕的是失敗後的頹廢感，要學會勇往直前，有信心去繼續接受挑戰。家長要提供高敏感孩子合適的引導，告訴孩子要有足夠的耐心和勇氣。

最後，穩住孩子的心態，注意情緒的控制，透過移情法緩解壓力，舒緩緊張的情緒，減少焦慮感。

移情法是緩解心理壓力的有效方法之一，當孩子壓力過大，內心敏感時，可以轉移他們的注意力，帶他們出去散散心，去看看大自然的美麗風景，或者只是在藍天白雲下發發呆，都會對緩解壓力有幫助。

父母給高敏感孩子最好的禮物就是陪伴，孩子的高敏感行為需要父母的關注和引導。孩子需要我們，我們同樣也需要孩子的陪伴，愛的作用力是相互的，我們和孩子在陪伴中共同成長，而孩子也會在我們的關注下慢慢長大。

這大概就是孕育子女的快樂吧。

能夠敏銳察覺細微刺激的孩子

「我家孩子從小就對細微的聲音特別敏感，我們在房間再輕聲細語她都能聽到，而且要求我們不要說話，否則會影響她寫作業。真是個矯情的孩子，也不知道她是不是在找藉口不想寫作業。」

「他鼻子特別靈，那天我換了一款香水，與之前那瓶的香味差別不太大，但他還是第一時間就發覺了。」

「我兒子不喝凍奶，哪怕在冰箱裡放了一天，他都能嚐出來，喝幾口就不喝了。換給他一瓶新鮮的，立刻就咕嚕咕嚕喝掉了。之前凍的一冰箱母乳全讓我送人了。」

「我女兒對細節部分很在意，爸爸襯衫的扣子扣錯了、奶奶染了頭髮、爺爺換了羊毛衫，她都會很興奮地指出來，太討人喜歡了。」

「我兒子穿不了任何帶毛的衣服，每次穿上都覺得不舒服，哭鬧著要脫掉，說皮膚被毛扎到了，好痛。真是個比女孩子還嬌氣的孩子。」

很多媽媽會發現自己的孩子對細節部分很在意，別人察覺不到的比較細微的事物都會引起孩子的注意，像微弱的聲音、事物細節的變化、淡淡的氣味、觸感的差異等，都是孩子關心的問題。有些媽媽認為孩子的感官發達，能夠察覺到細微的差別，這很好。而有些媽媽會覺得孩子矯情、敏感，太麻煩了。

其實這些表現也是高敏感兒童的特質，屬於高敏感行為，他們能夠敏銳地察覺到細微的刺激。伊萊恩·阿倫說過：「有些人的知覺器官特別發達，但他們多數都不是因為知覺器官反應過度，而是思考和情緒的程度太高，才會察覺到細節部分。」

神探夏洛克可以透過對細節的掌控找到蛛絲馬跡，從而獲得事情的真相。可見，對細微的刺激感覺敏銳在一定程度上也是存在優勢的，可以被應用在生活當中。

朋友家的可兒就是一個對細微的刺激反應很敏銳的孩子，她很在意細節。她對人或事物的細微變化都觀察得很仔細，在別人沒有察覺的時候，她就已經說出來了。過年的時候奶奶去做了髮型，而且染了頭髮，可兒第一個發現，興奮地跑過去抱住奶奶說：「奶奶染了頭髮真好看。」媽媽在客廳裡走了一圈，可兒就指著廁所說：「媽媽，你的眼鏡在廁所的臺子上，客廳裡沒有。」媽媽覺得很奇怪，問可兒為什麼能夠知道媽媽在找眼鏡，可兒說：「我看你瞇著眼睛好像在找東西，感覺你是在找眼鏡。」

可兒的這些敏感行為可以說是他們家裡的黏合劑，使一家人的關係更親密了。她可以觀察到別人注意不到的地方，而且說出來，讓其他家庭成員聽到和看到，家庭成員之間彼此關心的程度加深了，每個人的幸福感都在提升。

有些媽媽認為孩子對細微的刺激表現得太敏感，這會分散他們的注意力，影響孩子的正常生活。比如對聲音很敏感，那就會對睡眠有影響，孩子會因為聽到微弱的聲音而無法入睡，或者會被突如其來的聲音驚醒。睡眠不足對孩子的影響很大，不僅影響他們學習，也阻礙身心的健康成長。

馬修·沃克（Matthew Walker）曾經說過：「睡覺時，大腦會回放一天的經歷，從皮層到海馬體反覆發送訊號，用來整合和鞏固記憶。在非快速眼動睡眠期，科學家發現了睡眠紡錘（一種頻率較高、波幅較大的紡錘形腦電波），它能幫助大腦將資訊從海馬體內的短期儲存位置移動到腦皮質中的長期儲存記憶的地方。睡眠專家將其稱作按下儲存鍵。」

如果孩子對聲音的敏感延續到上學時期，因聲音而失眠或入睡困難，那麼就會影響孩子的學習，記憶力也會下降。

這個時候家長就需要提供孩子一個相對安靜的環境，在孩子休息時不要製造尖銳的聲音打擾他們休息，尤其是午休時間。睡前不要施加壓力給孩子、責怪孩子，讓他們放寬心情，不去思考任何問題。建議在睡覺之前讓孩子喝一杯溫牛奶，以幫助他們入睡。

有些孩子的視覺比較敏感，怕黑，需要一點微弱的光才能入睡。這樣的孩子可能安全感不足，家長可以試著留給孩子一個小夜燈，放在臥室的角落，燈光不亮，也不會刺激到孩子的眼睛。朋友的孩子很怕黑，臥室又大，所以她在臥室為孩子搭建了一個「夢幻帳篷」，帳篷外有一串似星光的小綵燈，孩子在帳篷裡入睡後，她再去將燈關掉，孩子睡得很好，也不再哭鬧、吵著害怕一個人睡了。

高敏感的孩子之所以會沒有安全感，相當程度上是因為他們的敏感無人理解，甚至被曲解和誤解。當孩子出現敏感行為時，要第一時間告訴孩子：「不要怕，孩子，你的敏感我都懂。」

讓他們知道，爸爸和媽媽是和他們站在一起的，他們的苦惱和困惑有人理解，他們也可以打開心扉，將心中的想法和感受說出來。

要給高敏感的孩子一點時間，他們或許很慢，很在意他人的看法，會對細微的刺激感覺很敏銳。這些看起來與別人不同的行為，是他們從出生開始就擁有的，當出現質疑或指責時，高敏感的孩子會迷失，產生自我懷疑，不知道這些行為是對還是錯。其實高敏感行為無所謂對錯，是一種特殊的天賦，那些小敏感可以是豐富生活的一部分。我們要給高敏感的孩子時間去適應、去接受。

守護高敏感孩子的心，就從接受他們的一切開始吧！

第二章

發現敏感背後的瑰寶

高敏感天性是缺陷嗎？

同事趙斌是一個具有高敏感人格的人，他從五歲開始就感覺自己與別人不一樣，曾經一度認為自己的行為是怪癖，是一種天生的性格缺陷。

他對我說：「我對巨大聲響有恐懼心理，開門、關門、大聲說話，我都認為是別人對我不滿意的表現，是他們在對我發脾氣。在跟別人交流時，我會格外注意他們流露出來的神情，有時一個無心之舉也會令我思考半天。會因為微不足道的小事反思自己，總會糾結是否是自己做錯了事而讓身邊的人不滿意。也常常受到傷害，一件小事也能讓我抱膝痛哭。我很容易看穿別人的想法和心思，甚至可以根據別人的隻言片語來推斷事情的走向，而事實證明我的推斷都是正確的。我敏感多疑，心思很重，一直都不知道該怎麼辦。而且最嚴重的，我覺得這是一種天生的缺陷，因為我從小玩手機就知道刪除紀錄，甚至還會添上一些尋常的痕跡來掩人耳目，這樣就可以不讓父母看出我的真實目的，我感覺自己太可怕了……」

從趙斌的言辭間可以看出他具有高敏感人格的特點：社會共情能力強，觀察力敏銳，對聲音敏感。同時也看得出他的記憶力超強，能記得兒童時期做過的事情和感受。可以說，高敏感人格從兒童時期就已經存在了，由於沒有得到正確的介入和引導，趙斌長大後進入職場，依舊認為他的這種高敏感行為是怪癖，是性格上的缺陷，一度很焦慮和痛苦，不清楚如何是好。

與趙斌相處一段時間後，我發現他做事一絲不苟，可以很有條理地辦好主管交給他的每一項工作，而且還能很快地察覺到身邊同事的困擾，主動幫助他們解決問題。於是我建議他去人事部門應徵，他的這種性格很適合做人事工作，觀察力敏銳，共情能力強，這兩點可以讓他在與員工溝通時事半功倍，溝通的效果也會更好。

事實證明，趙斌在人事管理方面做得確實很不錯。營業部的小張因為犯錯太多被公司勸退，趙斌負責去溝通，他察覺到小張的情緒出現了問題，有些悲觀和無奈。而小張從入職開始表現就很優秀，業績也不錯，這幾次犯錯可以說是出乎意料。於是趙斌跟小張談心，了解到小張是因為母親腦梗塞住院，他夜夜照顧，再加上高昂的手術費，讓他承受著身體和經濟的雙重壓力，導致上班時情緒波動太大，精神恍惚才犯了錯。了解了情況的趙斌跟主管彙報了小張的情況，鑒於小張一直以來的優秀表現，主管決定再給他一次機會，讓小張忙完母親的手術之後再負責專案。最後的結果讓人感到欣慰，小張的專案做得很成功，幫公司拿到了一筆高額的佣金，趙斌也得到了同事和主管的好評。

趙斌說：「這太神奇了，我一直以為自己的行為很怪異，像個怪胎，沒想到還能幫助人，如果小時候有人告訴我就好了。」

成年人的很多心理問題都要歸咎到童年時期，兒童的心智不成熟，對自己和世界都處於探索階段，他們不能精準地表達自己，對事物的感觸也不夠深刻。因此家長要發揮自身的作用，及時了解孩子的心理情況，關心他們的心理健康，關注他們的情緒問題，有針對性地做出正確的引導。

高敏感的孩子會出現一些與其他孩子不同的行為，這個時候就需要家長來幫助孩子建立自信，充分了解高敏感的行為，有意地去開導孩子，將這種高敏感行為引導到合適的方向，有側重點地訓練，從而實現高敏感天賦的轉化。

最重要的還是那句話，要告訴孩子：「你的行為是正常的，這不是怪癖，你也不是怪人，這些都是你與生俱來的天賦，不是缺陷。」簡單直接，讓孩子形成一種意識：這種行為是天賦，是獨一無二的能力。

兒童心理學家們認為，孩子的情緒問題要及時處理，不要將問題帶到成年。

朋友小惠在小時候也是個「有缺陷」的小孩子，她經常自言自語，喜歡跟花草蟲魚說話。而她的爸爸絕對是一個內心強大的男人，在發現孩子出現這種行為時，忽略了外界「自閉症」和「怪小孩」的聲音，他認為應該給寶寶時間去探索世界，可以觀察一段時間。

小惠四歲的某一天，爸爸看到她蹲在路邊一動不動，於是也跟著蹲在旁邊，發現女兒聚精會神地看著面前的小花，他好奇地問：「寶寶，你在看什麼啊？」小惠把小手放在嘴邊：「噓，小花們在說悄悄話。」爸爸又問：「它們在說什麼啊？」小惠說：「小白花說要吃飯，小紅花說想喝水。」說著，小惠站起來去取了一碗水放在小花前面。他沒有打斷女兒的話，也沒有制止她的行為，而是引導她說：「寶寶，你應該把水澆在花上，放在地上，小花喝不到，就像這樣。」爸爸端起碗裡的水澆在花上，小惠有模有樣地學著。

這段記憶一直在小惠的腦海裡存在，她也記得小時候很多人說她是自閉症小孩，這輩子都完了。是她的爸爸一直鼓勵她，引導她將專注力轉移到繪畫上，將自己看到的一切畫出來，後來老師還誇她的作品有靈性，是個繪畫天才，可以一直培養。

具有高敏感特徵的孩子內心也很敏感，更多的人具體展現在超強的記憶力上。很多成年人認為的玩笑話或者是不經意流露出的神情，小孩子都會記得。很多時候，父母正確的引導可以鍛鍊孩子的能力，幫助孩子塑造較強的自信心，有助於孩子理解自己的行為和意識。

美國的心理治療大師維琴尼亞．薩提爾（Virginia Satir）是家庭治療的先驅者。她認為，每一個人都與自己的原生家庭有著千絲萬縷的連繫，而這種連繫很可能會影響他的一生。

所以家庭對一個孩子的影響是深遠的，而具有高敏感人格的孩子格外需要父母的正確引導。以上兩個案例足以證明，忽視與介入，會產生兩個不同的結果，而孩子未來的成長是不能被忽視的。

及時介入，正確引導，告訴孩子高敏感行為並不是一種缺陷，這才是最重要的。

自我否定與過度自信

朋友家的孩子筱萍很容易被身邊的人影響到心情。被親戚誇長得漂亮就會很高興，老師一個鼓勵的眼神會讓她信心滿滿，這本是好事，她會像個小太陽一樣去吸收正能量。但是當出現批評和指責的聲音時，她會陷入負面的情緒中不能自拔。比如被奶奶說太敏感了總是哭，她就會自責，覺得自己做錯了。會因為老師的一句話想好幾天，遇到困難會感到焦慮，犯了錯更會情緒低落，認為自己很沒用。

除此之外，筱萍的觸感很敏銳，屬於易過敏體質，只要衣服材料硬一點，或者做工粗糙露了線頭，她的皮膚就會發紅發癢，常常讓媽媽感到頭痛。而她感受到媽媽的情緒後也會自責，認為是自己讓媽媽困擾了，繼而又開始否定自己。甚至當家裡出現一點爭吵時，她都會認為是自己的原因，一定是因為自己不乖才導致爸爸媽媽吵架。

高敏感的孩子容易陷入自我否定的惡性循環，他們會將別人的矛盾歸咎到自己身上，會自我檢討、審視一番，總是思考自己是否哪裡做錯了，過於小心翼翼、為他人著想。

這個時候需要家長及時關注他們的情緒和狀態，要細心地呵護那顆敏感的心，認真地聆聽他們內心深處最真實的想法，不要忽視他們的感受。

然而，有些家長在家庭角色中扮演著強硬的一面，崇尚「一刀切」式的教育，即使傾聽也能讓孩子感到強勢和壓力，這樣是不提倡的。

比如要求孩子在社交活動中積極主動，勇敢地表達自己的想法。這裡提了「積極主動」和「勇敢」，殊不知，敏感的孩子根本不喜歡這種方式，他們在表達自己的想法之前要做很多準備工作，就像做選擇題一樣，需要經過深思熟慮才能表達自己的觀點。

但這位「一刀切」式的家長他心急呀，希望孩子能夠快點舉手，主動表達觀點，就像辯論賽中的選手一樣雷厲風行。於是他殷切地看著自己的孩子，期望他按照自己的要求去做。但這會帶給孩子很大的壓力，也達不到傾聽和交流的效果。

而孩子這邊呢，沒有達到家長的預期，又會敏感地陷入深思：「爸爸臉色不太好，我又讓他失望了，我果然還是不行，連這一點小事都做不好，我真沒用。」

高敏感孩子本身就對他人的情緒和外界的資訊比較敏感，再加上家長錯誤的引導，孩子很容易會認為是自己有問題，那些敏感的行為都是缺陷，最終陷入自我否定中。

這種情況所反映出來的是敏感行為缺陷論，即認為孩子的高敏感行為是缺陷，需要剔除，不應該讓那些「怪異」的行為影響孩子未來的發展。家長們只看到了敏感劣勢的一面，比如膽小，做事慢，思考時間長，容易受他人情緒的影響，對小事敏感多疑等。忽略了高敏感可以轉化為優勢的可能，或者說家長們不夠了解，對這方面的認知也不深。

還有一種情況，家長對高敏感特質有清楚的認知，知道這是一種與生俱來的天賦，但過度看重天賦的一部分，忽略了轉化的過程。他們對孩子抱有很大的期望，並且在生活和學習中過分鼓勵孩子，甚至有些過度追捧。

恰到好處的鼓勵會增強孩子的自信心，而過度追捧可能會使孩子變得驕傲自滿，再加上家長的有意引導，孩子會自我膨脹，認為擁有高敏感特質的人很了不起，是能實現遠大目標的人，而這就屬於過度自信了。

小輝是個內向害羞的男孩，因為高敏感的行為經常被人誤解和責罵。他的媽媽很好強，在知道高敏感是一種天賦後就經常在他面前提起，告訴小輝他擁有與眾不同的能力。

小輝媽媽的做法其實有些急切了，她迫切地想要改變孩子的狀態，給他鼓勵和支持，可是過猶不及，鼓勵太多，孩子的心態會發生變化。在媽媽的薰陶下，小輝認為自己生來就與別人不一樣，雖然有些敏感的行為，但將來一定會成就一番事業，前途一片光明。他開始過度自信，只強調高敏感轉化後的優勢力量，忽略了中間打拚和努力的過程。

小輝的過度自信與高度推崇高敏感本身，其實是受了母親的影響。高敏感到底是劣勢還是優勢，能不能發展成敏感力、成為天賦，還是一個未知數，在沒有實現轉化前，一切都有可能。家長要做的不是否定孩子的敏感行為，也不是高度讚揚孩子的高敏感特質，而是要掌握限度，選擇一個能讓孩子接受和吸收的方法。

孩子就像一張乾淨的紙，我們施加壓力給他們，他們的心就會出現皺褶，會感覺壓抑不舒服，還有可能會喪失自我，最後就算按照我們的想法改變了，也不再是當初的那一張紙了。我們給他們過多的鼓勵和吹捧，他們的心就會膨脹，被捧到很高的地方，因此驕傲、自負，看不到真實的自己。

其實，我們並不是要一張昂貴無比的、鑲金邊的紙，我們想要的不過就是原本的那張紙，雖然有些小敏感，但是卻包含著我們的初心。

高敏感不過是孩子身上的小特徵，要讓孩子既不妄自菲薄，也不驕傲自滿，追求中間的平衡就好了。

要把高敏感看作是一種很尋常的性格特徵，不過度貶低陷入自我否定，也不一味追求完美而過度自信，要辯證地看待高敏感特質。

既然是寶藏，那麼必定存在光芒。孩子的閃光點只是被覆蓋了，要經過磨礪才能實現轉化。凡事都需要用辯證的心態去對待，堅持適度原則。高敏感特質對於孩子來說或許是負擔，因為與眾不同，所以需要承擔更多，需要消化的情緒和資訊也就更多。應該讓他們學會將高敏感淡化，以平常的心態對待，做到「不以物喜，不以己悲」。不要因為高敏感特質影響了心情，干擾了正常生活，不要因為別人的評價和看法而陷入自我否定的黑洞，也不要過度看重高敏感的「天賦論」，膨脹自滿、用高標準要求自己，走進過度自信的謬誤。

父母應該讓孩子知道，高敏感特質沒有想像得那樣糟糕，它不是缺陷，同時也沒有預想中的那般強大與無所不能。要把它當作再尋常不過的一種特質，好好學習如何將它的優勢發揮出來就夠了。

做普通人中的「特殊人」

「你以後想成為什麼樣的人？」

「什麼意思，難道我以後就不能成為我自己嗎？」這是《阿甘正傳》中媽媽問阿甘的問題，阿甘沒有正面回答，而是提出一個疑問。

「長大以後要成為什麼樣的人」，我們絕大多數人在小時候都被問過這個問題，很多人也曾憧憬過氣勢磅礴的未來，可長大後一切歸於平淡，才發覺原來成為一個做自己的普通人就很好。芸芸眾生，普羅大眾，大多數人都是平凡的普通人，掙扎在紛繁複雜的塵世中，有坎坷，也有歡樂。

高敏感兒童因為敏感特質而與眾不同，是普通人中特殊的存在。但實際上高敏感這個概念還在逐漸被人們接受和理解的過程中，也有很多人從來沒有接觸過，所以才會讓孩子被貼上「敏感」的標籤。

人們對於未知的領域往往充滿牴觸，趨吉避凶是人類從狩獵時代開始就有的習慣，也是一種自我保護機制。面對一個異於常人的高敏感兒童，他們的敏感行為難免會讓人難以理解。普通人很容易對他們產生誤解，對他們的行為存在偏見。而這些偏見和誤解對於高敏感孩子來說，會成為負面情緒的來源，也會增加他們的心理負擔。

這個時候就需要父母及時引導與幫助，認可孩子的小敏感，支持他們，減輕心理負擔，引導他們走出困境。

具體有如下方法：

首先，要讓高敏感的孩子接受自己的與眾不同，正視自己的小敏感。

當孩子有高敏感的行為時，父母要儘早介入，緩解孩子內心的疑惑和不安。當孩子表現出高敏感的特徵時，他們會察覺到自己和別人不一樣，如果父母認為孩子的敏感行為異於常人，不報以理解的態度，他們就會困惑，會反省，會自責，還會陷入自我否定的僵局。他們的大腦就像塞了車的高速公路現場，被負面情緒堵塞了。當孩子的腦海中反覆浮現出「怎麼只有我這樣」時，作為家長能告訴他們：「孩子別怕，你的敏感我都懂。這些行為都是正常的，你只是與眾不同，而不是患有某種疾病。」這樣會不會能讓他們好受一些？

與其讓孩子沉浸在胡思亂想中，不如直接告訴他們實情。有些家長認為這樣做會過於坦率，孩子還小，他們什麼都不懂啊，告訴他們異於常人，他們會不會多想？會不會不能接受這個事實？

其實高敏感的孩子遠比我們想像的要堅強、懂事。因為與生俱來的敏感特質，他們會不由自主地深度加工自己所接收的資訊和情緒，如果直接告訴他們與一般的孩子不一樣，他們反而會釋懷：「哦，原來如此，因為我們本身就與一般人不一樣啊！」

做一個「特殊人」也很好，接受自己的與眾不同，孩子的生活可能會更簡單，沒有多餘的壓力，也不必被外界的資訊困擾。當他們再聽到「這孩子真敏感」或者「一般的孩子都能做到，為什麼你做不到？」之類的評價時，他們就會想到「這很正常，因為我是高敏感的人」。要讓孩子有這樣的自覺，不把高敏感行為當成怪異，要把它當成普通人沒有、只有他們才擁有的天賦特質。

其次，教會孩子了解敏感特質的優點和缺點，知道自己身上的不足，發揮優勢，糾正會影響生活的敏感部分。

在接受和承認自己是「特殊人」後，高敏感的孩子還要學會區分自身高敏感行為的優劣勢。我們在認知事物時最忌一刀切，凡事都有兩面性，要從正反兩個方面看問題。

高敏感孩子的優勢就是做事穩妥，認真負責。而缺點是給人一種猶豫不決、膽小懦弱的感覺。既然孩子的大腦思考能力能夠得到鍛鍊，那麼就應該繼續培養。高敏感孩子在思考之前也要告訴身邊的人自己內心的想法，請他們多給一些時間讓自己去思考，這樣可以避免不必要的誤解，雙方都能感到舒服，人們對高敏感的孩子也不會產生負面評價。

所謂轉化高敏感特質、形成敏感力，就是要在孩子能夠接受的前提下，發揮優勢作用的同時糾正劣勢的部分。

朋友家的孩子小璇是個與眾不同的孩子，從小的表現就很特別。在擁有高敏感的所有特質之外，她還擁有豐富的想像力，天馬行空，時常讓人感到意外。她經常做夢，夢裡面千奇百怪，也時常幻想不存在的東西，而且願意主動分享給周圍的人。可這樣的行為卻被人誤解為精神異常，認為她有妄想症。

小璇很不理解周圍的人對她的評價。她是一個外向型的高敏感兒童，她把這件事說給媽媽聽，媽媽給了她很大的支持和理解，而且鼓勵她將想到的事物記下來，像寫日記一樣。媽媽對小璇說：「不要在意自己與別人的不同，我們每個人都是獨一無二的，當然不會一樣了！」

明確地告訴孩子，高敏感的孩子就是與眾不同，是普通人中特殊的存在。高敏感特質不是人人都有，何必把這種特質隱藏起來呢？不如告訴所有人：「我是一個高敏感的孩子，我是一個特別的人。」

小璇的媽媽告訴她，別人的批評如果有道理，那麼我們要虛心接受，改正錯誤就可以了，不需要多想。

孩子的成長相當程度上需要父母的呵護和引導、支持和鼓勵，尤其是高敏感的孩子，他們更需要得到父母的認可。當他們知道自己與眾不同時，會更努力地去改變。孩子的世界有無限的希望，未來的他們會是什麼樣子，我們無法預期，但我們能做的是引導他們走上一條相對舒適的道路。授人以漁，而後放手，默默看著他們漸行漸遠，獨自在這個社會上打拚。

特別的人，一定會有更多的機會。要讓孩子相信，給他們正面的心理暗示，激勵他們，使他們更有勇氣和力量去面對生活的坎坷和磨難。

「天將降大任於斯人也，必先苦其心志，勞其筋骨……」經歷得多，所以成長得快。上天賜予了高敏感孩子特殊的天賦，同樣也賜予了他們特殊的磨難，讓他們成為一個「特殊」的人，經歷不一樣的人生。

希望有朝一日，那些高敏感的孩子能夠面對自己「特殊」的人生，勇於正視自己的小敏感，在歷經挫折後仍有從頭再來的勇氣與決心。堅持自我，不忘初心，成為大勇者。

與其拋棄自身的敏感特質，執著於做一個普通人，不如接受自己，著眼當下，坦然地成為一個「特殊」的人！

教孩子正確地面對自己的「寶藏」

人們對孩子的評價大多會偏向於自我喜好，帶有濃郁的主觀意識。比較容易讓人們接受且認為優秀的孩子通常會有個標準，比如：活潑開朗、乖巧伶俐、愛說話、討人喜歡等。而對於一些「奇怪」或「特殊」的孩子，他們或許膽小怕事、內向害羞，或許做事猶豫、敏感多疑，又或許情緒化嚴重，前一秒很安靜、下一秒就暴走。毫無疑問，人們對於這一類孩子的評價大多是負面的。

個人偏好存在差異，在看待擁有高敏感特質的孩子時，不同的人也會有不同的想法。一個安靜乖巧、做事前喜歡深思熟慮的高敏感孩子，A 家長很喜歡，覺得孩子太完美了。但 B 家長覺得活潑開朗、做事果斷的孩子更聰明。那麼這個孩子的高敏感行為在 B 家長眼裡就等於優柔寡斷、猶豫不決和膽小怕事。

古羅馬哲學家盧克萊修（Lucretius）在《物性論》中寫過一句話，翻譯過來是：「吾之美食，汝之鴆毒。」所表達的也是這個意思。

面對高敏感兒童，家長不能根據個人喜好和偏愛來看待孩子的行為，而是要深入發掘孩子內在的力量，追尋最原始的美好天賦。

有些家長喜歡主動介入孩子的高敏感行為，幫助孩子實現敏感天賦的轉化，但他們不接受孩子原本的寶藏，也不讓孩子面對自己與生俱來的天賦。他們只追求改變，用所謂「眾人眼中優秀的孩子」來替高敏感孩子樹立標準，強行讓孩子做出「正確」的改變。

比如，高敏感的孩子對資訊的深度處理能力很強，但表現出來的安靜內向和猶豫不決讓家長不喜歡。他們認為只有外向開朗且做事果敢的孩子進入社會後才能成功，所以強制內向型的孩子轉變成外向型，並做出計畫和方法鍛鍊孩子，以求孩子思考問題快一些，而且勇於挑戰。

然而家長要知道，強行讓一個內向型的孩子轉變成一個外向型的孩子，只會帶給孩子和自己巨大的壓力，讓親子關係僵化。

朋友麗香是個雷厲風行的女人，在職場上叱吒風雲，是某公司的高層。她做事果敢，對下屬的要求極高，屬於權威型主管。她的孩子小梅卻膽小內向，心思敏感，做選擇時會猶豫不決，遲遲做不了決定，大人說的一句簡單的話都會困擾到她，讓她思考好幾天。

有一次麗香帶小梅逛超市，為了獎勵孩子書法比賽得了一等獎，打算買一個喜歡的玩具給她。在玩具貨架前，小梅左看右看，上看下看，想了好久都沒有結果。麗香心裡著急，她原本就喜歡活潑開朗的孩子，面對小梅，她總是想著如何改變，立志要鍛鍊孩子的品格、改掉猶豫的「壞習慣」。她規定了小梅做出選擇的時間，如果沒有在規定的時間內選擇一個玩具，那麼這個獎勵就取消。她認為有壓力才會有動力，孩子遲早能被訓練得很果斷。

可是結果卻出乎麗香的意料。小梅沒有在規定的時間裡做出決定，獎勵被取消，小梅很傷心，情緒崩潰，坐在地上嚎啕大哭。這一幕引得其他顧客紛紛側目，一時間母女二人很狼狽，成為超市裡的一道「風景」。

麗香很生氣，但她沒有表現出來，只是抱著孩子快速離開了超市。孩子的表現也有些情緒化，回到家裡一句話都不說，哭累了就回到自己的房間裡，拒絕和媽媽溝通。

麗香沒有想到，自己的高標準和嚴格要求對於孩子來說是巨大的壓力。身為一個高敏感的孩子，小梅在做出選擇前會思考很多。而刻意縮減思考問題的時間、限制孩子在一定時間內做出選擇，會帶給他們更大的壓力，甚至會讓他們對選擇本身感到焦慮。小梅最後嚎啕大哭也是因為情緒崩潰，選擇的壓力和媽媽的期待讓她在精神上不堪重負。

由此觀之，父母刻意高標準地訓練孩子，改變他們的一些行為，會讓孩子感覺壓力很大。而高敏感的孩子會表現得更明顯也更強烈一些。

我曾看到過一個被鍛鍊成父母喜歡的樣子的高敏感孩子，

演講比賽得了第一名，父母和老師都很開心，孩子卻笑得很勉強。離開人群後，他眼中的悲傷和無奈才顯露出來。

小梅和這個孩子內心深處最真實的感受都被隱藏起來了。家長替他們重新設立了一個標竿，要他們向著這個目標改變和前進。就算孩子最後按照家長的意願改變了，如果他們沒能收穫真我，改變也是沒有意義的，只會放大他們悲傷、焦慮、鬱悶的情緒。

綜上所述，教孩子正確了解自己的敏感特性尤為重要，告訴他們敏感的地方不用改變，也無須按照既定標準來衡量自己，他們目前擁有的是任何人也複製不了的寶藏。

那麼在生活中，怎麼才能讓高敏感孩子了解自己的「寶藏」呢？

首先要明確接受比轉變更有價值。父母要糾正自己的態度，不要用有色眼鏡去看待高敏感孩子。

父母一定要從心底接受孩子的高敏感行為，不要試圖將孩子塑造成你理想中的模樣。高敏感孩子的內心世界很脆弱，他們容易受到外界資訊的干擾，安全感的缺失也許只是因為一句話或者一個神情。因此父母需要警惕自己的態度，教養高敏感孩子不要帶有主觀情緒。

等孩子大一些，父母也可以主動跟孩子談論高敏感的行為，遇到問題不要迴避，要及時溝通，讓他們感覺到高敏感不過是一種「特長」而已，要用辯證的方法看待高敏感特質。

孩子都有好奇心，家長越是迴避，孩子就越會覺得重要，不如正面告訴孩子：「不就是高敏感嘛，沒什麼奇怪，有一顆平常心就夠了。」

其次，忽略外界的敏感聲音，保護孩子的同時也要保證自己不受影響。

在工作和學習中我們時常會碰到這樣一種人，或許我們也是其中的一員，他們會不自覺地評價「突出於人群」的人。「突出於人群」的人有什麼特點呢？可以異常優秀，也可以是超級墊底王。而高敏感兒童的行為在人群中會比較突出，對他們各式各樣的評價也就鋪天蓋地席捲而來。

面對各種質疑的聲音，家長首先會因面子問題而困擾，甚至會將負面情緒發洩到孩子身上。這是最不明智的做法，會對孩子產生不良影響。正確的做法是忽視。忽視外界的聲音，遵循心中原始的想法，接受孩子一切敏感的行為，不慌不亂地保護孩子的心。

最後，不要讓孩子高估自己的能力、因高敏感而驕傲自滿，要以平常心面對生活。

如果一個方法行之有效，我們都喜歡反覆使用來加強效果，但很多時候往往過猶不及。高敏感孩子需要更多鼓勵，有些家長就將鼓勵作為必勝法寶，日日說，反覆誇。殊不知誇多了，孩子會對鼓勵產生免疫力，時間長了會讓孩子認為自己擁有別人都沒有的天賦，產生過度的自信。

凡事都需要堅持適度原則，鼓勵也要講究分寸，這樣才能達到最佳效果。高敏感雖然是與生俱來的天賦，但任何成功都需要日復一日的堅持和努力，只有忽視敏感本身、透過適當的方法轉化，高敏感才會成為真正的寶藏。

第三章

避免高敏感兒童的教養謬誤

高敏感怕小題大做，更怕大事化小

高敏感兒童比一般的孩子更容易陷入思維和情緒的黑洞。當他們受到外界壓力影響時，通常會選擇將自己放置在一個相對安全的區域，就像縮在殼子裡一樣進行自我保護，這個時候家長的引導和幫助就顯得尤為重要。在教養高敏感兒童的過程中，家長要避免走進這樣的謬誤：小題大做和大事化小。

一般來說，具有高敏感特質的孩子會深度處理接收的資訊，因此讓他們做出決定是很難的，他們需要更多的時間去思考。有些時候他們並不是不需要社交，而是需要深層次的交流，他們思考的內容往往比同齡人要成熟。他們渴望身邊人的理解和支持，但家長往往會進行適得其反的介入。

很多家長意識到家裡的孩子屬於高敏感，他們意識到介入和引導的重要性，但有時卻陷入了小題大做的謬誤。

劉娜的孩子小璐是個「小大人」，經常語出驚人，比同齡的小孩子表現得更成熟。她很會體察大人的心思，會察言觀色，甚至在身邊的大人情緒低落時會主動去安慰。

劉娜認為這是孩子的閃光點，是聰慧的表現，下定決心要好好培養。小璐在學校的表現也很好，老師經常誇她學習能力強，作業寫得很認真。但是有一點令劉娜很擔憂，小璐在做決定時會長時間思考，常常給人一種猶豫不決的感覺。她覺得這件事很嚴重，會影響到孩子以後的成長，便決定要幫孩子解決這個問題。她替小璐規定了時間，鍛鍊孩子去做選擇，如果超過約定的時間就會受到懲罰：減少課外活動的時間。

起先，小璐還能夠按照約定的時間做出選擇，但時間長了，她出現了反向心理，會故意不做選擇，甚至不願意再和劉娜交流。後來劉娜從老師那裡得知，小璐最近心理壓力很大，她越來越怕做決定。因為劉娜小題大做搞「特殊訓練」，小璐必須加快思考的速度，常常覺得頭痛，甚至會有頭暈目眩的感覺。她承受的壓力比選擇本身的壓力還要沉重，因此她本能地排斥，甚至想要逃避。

對高敏感兒童來說，過度介入就是在施壓，這不僅不會幫助孩子解決問題，反而會產生更多的傷害，影響孩子成長。因此，家長的介入還要堅持適度原則，因材施教，掌握好一個限度。

在許多家長掙扎在小題大做當中時，還有一部分家長認為孩子高敏感不是問題，小孩子懂什麼，睡一晚就好了，如此大事化小。小孩子也是一個獨立的個體，他們也會有情緒問題，如果負面的情緒沒有得到解決，反覆堆積，就會有質的變化，繼而出現斯萬高利效應。

那麼什麼是斯萬高利效應呢？

斯萬高利是一種魔術牌，曾經在美國的亞利桑那州博覽會上展出。據說，這是一副神奇的魔術牌，會讓人著迷。表演者會把整副牌攤開，讓你去查驗每一張牌都是不一樣的，讓你隨便抽一張出來。假設你抽出的那張牌是紅桃 K，你不用告訴表演者，直接將牌放回去。接下來表演者重新拿到牌，任意洗牌，接著突然大叫一聲「斯萬高利」！噹噹噹噹！神奇的事情發生了，當牌被攤開，你會發現所有的牌都變成了紅桃 K ！

這個紅桃 K 就像會傳染一般，將所有的牌都染紅了。在現實生活中，負面情緒就相當於是魔術牌中的紅桃 K，當負面的情緒沒有及時排解，堆積成山，那麼這些壓力和煩惱就會複製、繁殖，最後影響到正常的狀態。

這就是心理學上著名的「斯萬高利效應」。

高敏感孩子在處理自己的情緒時往往會陷入謬誤，他們自己無法排解，很容易讓負面情緒堆積，繼而陷入「斯萬高利效應」中無法自拔。家長的大事化小讓孩子處於水深火熱之中，只有正確的處理才能緩解孩子的心理壓力。

曉旭就是個典型的例子，他的母親崇尚無為而治，認為要給小孩子自由，鍛鍊他們自己處理問題的能力，父親則認為小孩子不懂什麼，不會有情緒問題，睡一覺就什麼都忘了。但曉旭與一般的孩子不同，他對情緒的感知更敏銳，自己受到外界的刺激後更容易產生負面的心情，他睡一覺後反而會加深不好的記憶，負面情緒依舊會停留。久而久之，他漸漸認為爸媽不愛他了，他真的很笨，他糟透了，學習成績也越來越差。

由於曉旭的負面情緒一直沒有得到排解，家長大事化小的錯誤觀念使他的負面心理不斷地複製，受到斯萬高利效應的影響，他做所有的事都會帶著失敗感和無力感，頭頂上的小烏雲一直沒散過。

那麼我們要如何避免孩子受到斯萬高利效應的波及呢？

首先，家長要用發展的眼光看待問題，教育孩子要因人而異。

高敏感孩子的每一次情緒波動都不是小事，不能隨意大事化小。教育的方法沒有效果，或者產生了相反的結果，那麼家長就需要及時調整，不要將自己的標準強加給孩子。

同時，要教會孩子不要凡事苛求完美，要做一個權威型父母，言傳身教給孩子一個好的榜樣，發揮榜樣的力量。父母處理情緒的方法會被孩子模仿，想要孩子成為怎樣的人，父母需要首先成為那樣的人。

案例中曉旭的父母就及時改變了無為而治的教育方法，不再認為孩子什麼都不懂，他們開始關心孩子的情緒波動，不再大事化小，積極幫助孩子解決情緒問題，不讓負面情緒堆積。

其次，鍛鍊孩子的能力，要有成長型思維，樂觀面對挫折和失敗。

史丹佛大學的卡蘿．德威克（Carol Dweck）教授在她的作品《終身成長：重新定義成功的思維模式》中提出了成長型思維，她認為具有成長型思維的孩子在遇到問題和挑戰時，他們的自信心更強，會認定自己可以克服困難。

授人以魚不如授人以漁，家長在幫助孩子解決情緒難題的同時還要教會他們一種高效的思維能力，即成長型思維。在培養孩子的成長型思維的過程中，每當孩子獨立解決一個難題，或者順利穩定自己的負面情緒時，都一一記錄下來，讓孩子知道自己在進步。當孩子遇到難題時，要告訴孩子這只是暫時的困難，只要堅持和努力，難題一定會被攻破。

最後，解決問題要就事論事，多去鼓勵，讓孩子了解自己的情緒，找到平復負面情緒的方法。

高敏感孩子會經常受到情緒的困擾，教會他們自我疏導是非常重要的。

面對負面情緒首先要讓孩子自己靜一靜，可以透過轉移注意力的方法，比如看一會兒電視，聽一首歌，畫一幅畫，看一會兒繪本等。等情緒穩定下來後，和孩子就事論事地分析一下負面情緒出現的原因，找到根源後解決它。

理論知識很簡潔，實際做起來卻並不容易。

高敏感兒童的情緒管理不是一朝一夕就能掌握的，家長和孩子都需要有耐心。作為家長要樂觀地對待高敏感孩子的行為，耐下心來好好引導，接下來的就交給時間吧。

忽視和誤解

在腦神經科學的研究中，高敏感族群是具有基因優勢的，科學家們認為，孩子的高敏感是由父母的基因決定的，是先天的因素，與後天原生家庭的教育無關。

然而這種基因呈現出劣勢還是優勢，則與原生家庭的教育息息相關。可以說，影響一個高敏感孩子成長髮育的因素有很多，例如外界環境、周圍的人、自身心理以及家庭教育等。其中最重要的是家庭教育，父母的教育方式和態度至關重要。唯物辯證法要求我們要抓主要矛盾，而家庭教育就是主要矛盾，是高敏感孩子提升敏感力、實現天賦轉化的關鍵。

但在現實中，沒有接觸到高敏感心理學的家長難免會覺得小孩子難帶，事情多，折騰人。這些想法都是正常的，人在高壓下難免會有情緒波動，特別是新手爸媽，面對高敏感的孩子，往往表現出忽視和誤解。

或許我舉個例子會更容易理解。

同事艾麗歷經千辛萬苦才生下一個男寶寶，聽到小生命的啼哭聲時，她感慨自己的偉大，發誓要將所有的愛都給他。可是才過去兩個月，她就已經感覺精神要崩潰了，家裡也是一地雞毛，用「兵荒馬亂」四個字形容也不為過。

這是怎麼回事呢？

原來在這兩個月裡，寶寶每天晚上都會哭，每隔一個小時就會醒，醒了就號啕大哭。月子裡有月嫂幫忙，出了月子就由艾麗親力親為，往往是才把寶寶哄睡放到床上，睡了不到十分鐘又醒了。如此往復，弄得艾麗整晚都闔不上眼。

當寶寶再次啼哭時，艾麗滿腦子都是這樣的想法：天，他又哭了！他怎麼又哭了！這到底是怎麼了？太折騰人了！寶寶怎麼這麼難帶！

嬰兒啼哭是很正常的事情，但是整夜一直哭，很有可能是哪裡不舒服了。「不舒服」有生理和心理上的。在心理上，嬰兒也會有焦慮、恐懼等不安的情緒，嬰兒哭了要第一時間給他安全感，把他哄好。在生理上，尿了或者大便了沒有及時換尿布、室內的溫度和溼度不合適、尖銳刺激的聲響、衣服皺在一起磨到皮膚……這些都會讓嬰兒覺得不舒服。

育兒專家都說撫養嬰兒很簡單，餓了就吃，哭了就抱，睏了就哄。這十二字祕訣可以使嬰兒產生安全感，擁有足夠安全感的寶寶會更聰明。

可是艾麗這種情況不屬於一般情況，寶寶總是哭，抱在懷裡能睡一會兒，放下就醒，醒了就哭。長此以往，家長睡不好，孩子也遭罪。艾麗試了很多種方法來哄寶寶，將孩子不停啼哭的眾多可能性都排除了，還是沒有找到一個解決的辦法，寶寶依舊哭個不停。

後來一次偶然的機會，艾麗幫寶寶換了一件和尚服，這一晚寶寶竟然睡了近三個小時，這對她來說簡直就是奇蹟。第二天，她仔細檢查了這件衣服，心想也許這個品牌的衣服材質舒適，孩子喜歡，想要多買幾件，卻發現衣服上沒有商標。由於衣服是朋友送的，她打電話跟朋友說起了這件事。

原來這位朋友擔心衣服的商標材質不好，寶寶的皮膚又太嫩，所以就把商標剪掉了。她的孩子小時候就不喜歡穿帶商標的衣服，說不舒服。

艾麗立刻將寶寶其他衣服的商標也剪掉，果不其然，寶寶的啼哭減少了，晚上也能睡個好覺了。

其實艾麗的孩子就具有高敏感特質，他的觸覺比一般人敏感，對衣服的感知程度更靈敏。但嬰兒不會表達，只能用哭來表示不舒服，引起家長的注意。其實孩子哭時，最考驗的是家長的情緒和耐心，寶寶哭時，家長要第一時間穩住自己的情緒，放平心態。寶寶還小，什麼都不懂，哭，一定是他覺得不舒服，要第一時間找到問題的癥結所在，解除令寶寶感到不適的因素。

哭，也是寶寶在尋求幫助。這個時候如果家長忽視了寶寶的求助，或者誤解為寶寶在鬧脾氣，那麼寶寶就會一直不舒服，安全感也會越來越少，甚至會產生焦慮和恐懼等負面情緒。

人們對未知領域的陌生往往會造成認知上的偏差，高敏感心理學研究顯示，高敏感族群具有比一般人強很多的觀察力和想像力，對事物和情緒的感受也更敏銳。他們往往會在生活中表現得很「敏感」。而這些「敏感」行為在兒童時期就已經開始出現，所以家長應儘早正視而且加以正確的引導。

一般來說，當小孩子出現「敏感」的行為時，家長很容易誤解和忽視。

比如：小孩子太愛乾淨，衣服溼了一小塊或沾上灰塵就吵著要換，遲一刻就哭給你看，這會被誤解為「問題真多」。中秋節親戚家的小朋友圍在一起玩，他偏偏要留在屋子裡獨自玩耍，看到親戚不知道叫人，只會躲在家長身後低著頭，這會被誤解為孤僻和膽小。小孩子不願意去學小提琴，說手痛，被家長誤解為小孩子在裝，為了不去上課找理由，從而忽視孩子手的問題，逼著她去學琴。

孩子出現以上行為，說明他們並不是一般的兒童，這些行為也不是太敏感、玻璃心、膽小、故意或逃避，而是他們具有高敏感人格，是個高敏感的孩子。遇到這樣的情況，家長應該第一時間了解孩子的感受，幫助他們走出情緒黑洞，避免孩子出現負面情緒。切不可掉以輕心，形成誤解或無視的心理。

你的行爲無形中傷了孩子的心

小茵在童年時期就表現得與一般孩子不同，她很在意別人的評價，也會察覺周圍人情緒的變化，但是她比較內向，所以不會主動表達自己的想法。她不說，父母自然也察覺不到。但她在感官上的敏感卻引起了父母的強烈關注，她喜歡將看到的物品擺放整齊，尤其是在超市，會趁著媽媽選商品時，將飲料瓶朝著一個方向擺齊。走路習慣沿著一條線，而且會無意識地貼著邊走。此外，她對衣服的質感要求很嚴，有一點不舒服就會哭著要求媽媽換掉。由於不善表達，不能清楚地說出自己內心的想法、無法精準地說出自己情緒上細微的差別，父母將她感官上的高敏感行為誤解為泛自閉症，將她當作病人看待，經常帶她去醫院進行治療。儘管醫生診斷小茵並不是泛自閉症，她的父母還是格外重視，一定要糾正她的那些敏感行為，這一度讓她很受傷。

小茵的高敏感特質帶給了她童年陰影，成年後依舊對醫院很恐懼，寧願忍受發燒的痛苦也不願去醫院治療。父母的行為在無形中傷了孩子的心，這種疼痛一直持續到成年，童年陰影也一直如影隨形，影響了她的正常生活。

美國心理學家伊莱恩·阿倫在她的暢銷書《天生敏感》中寫道：「這種敏感並非疾病，也不是障礙，純粹是天生具有的特質。」以往醫生都難以解釋的過度敏感的行為原來是高敏感，這刷新了很多人的認知，人們逐漸了解了高敏感特質，也在接納他們的小敏感。但社會上依舊有許多人不了解高敏感族群，也完全沒有聽過這個名詞。這一部分人在接觸高敏感族群時難免會誤解或忽視他們的行為，尤其是對高敏感兒童，這種漠視、輕視或者偏見，都會對他們幼小的心靈造成傷害。

如果一個高敏感兒童的父母或周邊的人都沒有接觸過高敏感這一概念，那麼這個高敏感孩子的成長就會異常「坎坷」了。孩子不會準確地表達自己的感受，尤其是那種細微的差別，這就會令身邊的人感到奇怪。就像一般的孩子都會在遊樂場裡愉快地玩耍，而高敏感的孩子只會跟在父母身邊，一切有挑戰性的遊戲都不想參加，甚至哭喊著要回家。他們表達不出要立即回家的原因，他們只是不喜歡這一類的遊戲，對遊樂設施不感興趣，而且尖叫聲不斷的環境會讓他們沒有安全感。但是他們不能很好地表達出來，這就會給父母一種「很難帶」的感覺，會覺得「好麻煩，別的孩子都喜歡玩，你為什麼不喜歡呢？」也會抱怨「你怎麼這麼敏感呢？這很正常啊。」

父母一旦出現這樣的行為，哪怕是無意識地表達出來，高敏感的孩子也會接收這一類的資訊，不自覺地加深對這些資訊的處理。他們會陷入自責中，否定自己，幼小的心靈也會受到傷害。

相信很多高敏感的人都有過這樣的疑問，他們為什麼會深度處理接收到的所有資訊？為什麼會對別人不易察覺的小事觀察入微？為什麼那麼容易受到他人情緒的影響？成年人或許自制力較強，也會自我安慰和疏導，但高敏感的孩子不行，他們一旦陷入這樣的疑惑當中，就會產生負面情緒，認為一定是他有問題，所以和別人不一樣。

神經科學家曾經做過這樣的實驗，讓高敏感者與一般人執行同樣的任務，用儀器監控兩者的大腦，他們發現高敏感者的大腦在執行相關任務時活躍度更高，能將遇到的困難化解，看到問題的本質。研究顯示，高敏感者的大腦腦葉區域比一般人活躍，而腦葉主要負責處理情感、內心狀態和外界資訊。這也就是為什麼高敏感族群會表現得與眾不同，他們從出生起大腦腦葉區域就異常活躍，能夠處理更為細微的資訊。

高敏感的孩子自己是不會理解自身的敏感行為的，當他們意識到自己與別人不一樣，或者周圍的人戴著有色眼鏡看他們時，他們就會開啟自我保護模式。有的孩子會用哭來表達害怕和不安的感覺，有的孩子則將自己封閉起來，躲到自己的安全區域。這個時候父母就要注意自己的一言一行，不要試圖強行將他們從舒適區拖出來，而是要循序漸進地引導他們。

高敏感孩子的父母要格外注意自己的言行。當孩子準確地表達出自己的心情，說出害怕或恐懼的來源時，我們不能用「孩子你太敏感了，你怎麼會怕這個呢？」來回應他們，而要這樣回應：「哦是這樣啊，我能理解你的心情，其實這件事沒有你想像得那麼可怕。」說完後，讓孩子感覺到我們和他們是站在同一陣線上的，並不是對立面，當孩子平復心情後，再一起解決眼前的問題，用實際行動告訴孩子：這沒有你想像得那樣可怕。

當高敏感的孩子對父母打開心扉、說出自己心中所想時，父母卻用驚訝、反問的語氣質疑他們：「你怎麼會這麼想？這有那麼可怕嗎？天啊，你好敏感啊！」只要幾句話就會將敏感的孩子推遠。孩子鼓起勇氣說出自己的困擾，可是卻沒有得到父母的重視和支持，這種行為對高敏感孩子來說是很沉重的打擊。他們最信賴的父母沒有給予他們關懷和幫助，他們可能會因此一蹶不振，不再表達，將自己真實的想法隱藏起來。這個時候父母再想走進孩子的心，傾聽他們的心聲就很難了。

切記！不要將孩子的高敏感行為看作是障礙或疾病。

有一部分父母誤以為孩子的高敏感行為是泛自閉症的表現，或者是神經障礙，將這種行為看作是疾病，需要治療。於是在生活的各個方面對孩子呵護備至，小心翼翼，殊不知這也是在傷害孩子。

在一定程度上，過度的呵護和溫柔的保護也是一種暴力，對孩子來說，也會帶給他們不可磨滅的陰影和傷害。父母過分小心的眼神和行為原本是為了更好地保護敏感的孩子，可是在高敏感孩子眼中，這些行為都是刺痛的來源，是不安的因素。他們會認為別人都在注意他們，覺得他們是病人，需要治療，可只有他們自己知道，他們是正常的。

障礙在相當程度上是貶義詞，不應該用在高敏感的人身上，尤其是高敏感兒童身上，這會讓他們造成誤解。我們要讓孩子知道，高敏感只不過是眾多人格特質中的一種，就像內向一樣，是很尋常的。它並不是疾病，也不是障礙，而是可以轉化為優勢的。

有些父母在面對孩子的「小敏感」時會控制不住自己的情緒，脫口而出一句「別這麼想，其他人根本注意不到你」。這對一般的孩子或許很奏效，因為一般的孩子沒有高敏感孩子的煩惱，不像高敏感孩子那樣會在意別人的評價、受他人情緒的影響、對細微的事敏感多疑。可是當父母對高敏感孩子這樣說時，孩子會認為這句話沒有可信度，因為他們自己很擅長觀察別人、在意別人說的話，所以在他們眼裡，所有的人都應該和他們一樣在意。但事實不是這樣的，父母知道，心理學家知道，只有敏感的孩子不知道。與其敷衍一句「別多想了，別人不會注意你的」，不如直接告訴孩子：「你就是與眾不同的高敏感孩子。」還要告訴孩子不要被這些「小敏感」困擾，這不是缺陷，而是可以轉變成優勢的特質。

父母在教養高敏感孩子的時候，不能像對待一般孩子那樣，要有身為高敏感孩子父母的覺悟。在控制好自己情緒的基礎上，再去教導孩子，給他們想要的安全感和歸屬感。

情緒波動會使孩子更敏感

高敏感孩子的共情能力強，他們會很精準地感知到身邊人的情緒，簡單來講就是「喜怒哀樂我先知」。負面情緒具有傳染性，就像心理學當中的踢貓效應，因情緒問題引發連鎖反應，最後傷人傷己。而對於內心敏感的孩子來說，他們對情緒的感知更具有「感同身受」的效果。當周圍的人悲觀、情緒低落，他們往往也會傷心哭泣。當身邊的人情緒失控、暴躁，他們會害怕、會產生恐懼心理。長此以往，他們的內心會更加敏感與缺乏安全感。

南迪．內森（Nandi Nathan）是美國密西根大學的心理學教授，他曾做過一項研究，研究結果表明：在一般情況下，人的一生大概有30%的時間都處於情緒不佳的狀態。情緒問題的出現會影響到生活的各方面，因此人們要花費很長時間和精力去控制自己的情緒，以減少負面情緒的波動帶給生活的嚴重後果。

現在讓我們一起聽一個心理學效應的小故事，這能讓我們更加清晰地感受到負面情緒會帶來怎樣的傷害。

心理學中有一個著名的概念：野馬結局，那麼什麼是野馬結局呢？

在一望無際的非洲大草原上，正可謂「風吹草低見牛羊」，然而茫茫草原上此刻沒有牛羊，只有幾匹非洲大野馬，它們在恣意地啃著草，愜意又舒服。不多時，草原上捲起一團黑霧，瞧仔細了，原來是野馬的「老朋友」—— 吸血蝙蝠。野馬原本歡快的心情一掃而空：這該死的蝙蝠怎麼又來了！非洲草原上的吸血蝙蝠常常騷擾野馬，它們靠吸食野馬腿上的鮮血而生。當野馬被叮咬時，它憤怒呀！怎麼沒完沒了了！於是它暴怒、狂奔，想要透過極速運動甩掉這些吸血的「小怪物」。但野馬無論怎麼快速奔跑，蝙蝠的利齒依舊深深咬在馬腿上，執著又討厭。於是野馬更加暴怒，狂奔不停。最後的結局是野馬死了，躺在草原上不動了，而蝙蝠吸飽後又悠閒地飛走了。

其實動物學家做過實驗，吸血蝙蝠每次的吸血量很少，根本不能威脅到野馬的生命。所以蝙蝠吸血並不是野馬致死的主要原因，真正導致野馬死亡的是暴怒和狂奔。

唯物辯證法告訴我們事物的發展是內因和外因共同作用的結果，內因是事物發展的根據，外因是事物發展的條件，外因透過內因發揮作用。在野馬事件中，蝙蝠吸血只是外在的條件，而野馬結局的內因則是情緒失控，瞬間的情緒爆發和狂奔最終導致了身體的毀滅。野馬結局告訴我們負面情緒的影響是深遠的，學會控制自己的情緒格外重要。

家裡有個敏感的孩子，家長就更應該格外注意自己的情緒，發現問題要及時調整。正面樂觀的情緒可以讓孩子更加自信和快樂，而負面悲觀的情緒也會波及孩子，讓他們感到害怕和焦慮，甚至還會產生童年陰影。

曉曉就是一個內心敏感的孩子，她的心情非常容易受到外界的影響，更確切地說，是比較容易受到周圍人的情緒影響。在幼稚園裡，明明是別的小朋友犯了錯，老師責罵時，最先哭的卻是她。和她常在一起玩的夥伴因為摔倒哭了，她也跟著一起哭。她總是最先感受到周圍人情緒的波動和變化。

曉曉生活的家庭環境很複雜，媽媽和爸爸是重組家庭，她有個同父異母的哥哥，奶奶有些重男輕女，對哥哥很寵愛，她常常受到不公平的對待。媽媽與奶奶的關係不好，爸爸和媽媽也經常吵架。在曉曉的家庭生活裡，爭吵是家常便飯。每次大人吵架，曉曉就躲在衣櫃裡哭。與她最親的媽媽情緒化越來越嚴重，不僅情緒波動大，還常常將壞心情帶回家。每當媽媽出現負面情緒，曉曉就會害怕，戰戰兢兢地不知道怎麼辦。時間長了，她開始變得有些恐懼，出現社交障礙，不願意去幼稚園。

情緒失控會使高敏感的孩子更敏感，而曉曉又屬於內向型，一旦出現心理問題，如果不及時介入就會愈演愈烈，形成情緒黑洞，久而久之就會形成童年陰影。曉曉的媽媽雖然情緒化問題嚴重，時常控制不了負面情緒，但幸好她很注重孩子的成長。她及時發現了曉曉的異常情況：不願意去幼稚園，奶奶和哥哥在客廳時，更喜歡躲在臥室，不愛說話，睡覺容易驚醒，醒來就大聲哭，情緒比較低落，做什麼都悶悶的。曉曉的媽媽見孩子問題嚴重，就帶孩子去看了心理醫生，醫生在了解孩子的情況後，給出的建議是：想要治好孩子的心理問題，首先家長要學會控制住自己的情緒。

我一直認為，孩子的世界是最乾淨的，就像蔚藍的天空，樂觀向上的正面情緒就像飄在空中的白雲，孩子看到的可以是棉花糖，也可以是可愛的小動物。而低落悲觀的負面情緒就像黑漆漆的烏雲，孩子看到的是令人害怕的閃電，聽到的是轟鳴的雷聲，滿眼都是恐怖的黑色。

治癒兒童心靈上的創傷，父母正面的情緒和態度就是最適合的 OK 繃。想要提供孩子一個良好的家庭氛圍，父母學會控制住自己的負面情緒格外重要。教育孩子，其實就是考驗父母控制情緒的能力，再加點耐心，讓時間去沉澱，而其中的難點就在於「情緒控管」。

那麼曉曉媽媽是怎麼做的呢？

首先，她練習穩定自身易波動的情緒，接受心理醫生的治療，緩解焦慮和壓力。家裡的矛盾是她焦慮的源頭，矛盾太多，需要慢慢梳理，而最重要的就是夫妻關係，夫妻關係改善了，婆媳和親子矛盾就會緩解許多。她開始積極地跟丈夫溝通，主動說出自己焦慮的事情和生氣的原因，丈夫離過一次婚，更渴望家庭和睦、婚姻幸福，因此也配合妻子好好經營婚姻，主動緩和家裡緊張的氣氛。

其次，改善家庭關係，給曉曉一個充滿安全感的成長環境。鑒於家庭關係的複雜性，在曉曉的心理問題解決之前，她決定暫時遠離婆婆和繼子，安排他們去散心，並由丈夫提出要他們在老家住一段時間，順便探親。想解決複雜的家庭矛盾就要徐徐圖之，慢慢緩解，此時最重要的是曉曉的心理健康。

最後，改善親子關係，多一些陪伴和交流。由於曉曉是高敏感的孩子，本來就敏感脆弱，因此父母需要投入更多的精力和時間去陪伴她成長，改善性格中內向的部分，陪她一起去社交，和小朋友玩遊戲，一起看書、玩樂高、學程式設計，讓孩子的世界豐富起來，慢慢開導她重新去幼稚園。曉曉的媽媽將曉曉看作是一個獨立的人，尊重她的選擇和決定，並向她道歉，解釋是因為媽媽的負面情緒嚇壞了她，以取得她的原諒。

經過半年的努力，曉曉漸漸變得願意參加集體活動了，開始喜歡和幼稚園的小朋友玩，和父母的關係也越來越好，還學會和爸爸撒嬌了，遮在她心上的烏雲終於散開了。

兒童的心理問題要及時發現和治療，讓孩子把疼痛和傷感留在過去，帶著快樂和幸福走向未來。

愛孩子，就請父母消除內心的負面情緒，將正能量傳遞給他們，讓孩子在陽光下茁壯成長。

溝通無效與大吼大叫

現在的家長越來越重視對孩子的教育，從胎教、早教到才藝班、線上外教課，家長願意花費大量的金錢和時間在孩子的教育上，甚至斥巨資購買學區房，只為了不讓孩子輸在起跑點上。

對於「天賦異稟」的高敏感兒童來說，他們的教育需要花費家長更多的精力和時間。孩子的高敏感行為需要被家長重視，但許多家教內容都是紙上談兵，如何教養好一個高敏感孩子，有時是仁者見仁、智者見智的。

莎士比亞（Shakespeare）曾說過，一千個觀眾眼中有一千個哈姆雷特。育兒專家都認為與孩子溝通很重要，不僅要注重溝通方式，更要注意溝通時的態度。

但是面對具有高敏感特質的兒童，家長很容易陷入謬誤，造成無效溝通。掌控不好自身情緒的家長還會不自覺地對孩子大吼大叫，增加教養難度。

麗薩最近發現自家二寶跟大寶有些不一樣。

客廳裡到處堆滿了玩具，麗薩想要穿過客廳走到臥室取一本書，竟然發現沒有可以下腳的地方。她刻意提高了聲音，語氣中帶有一絲責怪：「媽媽不是說過了嗎？玩具不可以亂丟，怎麼又弄得客廳亂糟糟的！哥哥和妹妹，現在立刻把玩具放進收納箱！」話音剛落，哥哥無動於衷，反而玩得更歡快了，而妹妹看了看媽媽，很乖巧地將自己的玩具一件一件放進了箱子裡。過了一會兒，哥哥才慢吞吞不情願地去收玩具。不止如此，麗薩還發現妹妹很容易受到他人情緒的影響，看卡通片會哭，察覺到媽媽不開心會主動去抱抱。她漸漸感覺妹妹太敏感了，下雨或者陰天時，妹妹會悶悶的，還會主動安慰哭鬧的哥哥。妹妹對一切毛線類的衣服過敏，只要穿上就會覺得身上發癢難受，要求脫下來，帽子和圍巾更是戴不了。

有一次，奶奶不小心將妹妹最喜歡的玩具碰壞了，妹妹這次倒是沒哭，只是很難過地盯著那個玩具。奶奶說：「哎呀，玩具壞了，你要是喜歡這個，奶奶再買一個新的給你，別難過啦！」誰知，本來沒哭的妹妹撇撇嘴一下子哭了起來：「我不要新的，我就要這個！」奶奶很疑惑，跟麗薩小聲嘟囔：「剛才還好好的，怎麼又哭了，這孩子太難帶了。」妹妹對聲音很敏感，奶奶刻意壓低的聲音還是被她聽到了，於是哭得更厲害了。

這就是一次典型的溝通無效。奶奶沒有重男輕女的思想，但由於妹妹心思太敏感，奶奶有時就會出於本能更喜歡活潑開朗的哥哥。有兩個孩子的家庭應該注重孩子之間的平衡，如果其中一個孩子具有高敏感特質，那麼就要格外注意。在麗薩家，很多時候高敏感的妹妹會感知到親人不自覺流露出來的神情，一句非常簡單的話會往深了去想，比如「哥哥會主動跟鄰居打招呼，比妹妹強多了。妹妹就是不愛說話，總躲在我身後，不像哥哥愛說愛笑討人喜歡。」

高敏感的孩子會加深對簡單話語的理解，追求更深層的意思，常常多想甚至想偏，陷入負面情緒的循環，鑽進牛角尖走不出來。

奶奶在麗薩的影響下，願意去跟妹妹溝通和交流，但很多時候都處於溝通無效的狀態。在與高敏感兒童溝通時，溝通者要格外注意溝通時的語言、動作、神態、語氣，以及技巧。要學會傾聽和引導，在循序漸進中摸清高敏感兒童的思維慣性，從而知道他們的內心所想，引導他們轉變為正能量的思維。

在與高敏感孩子溝通的初期，家長往往不知道如何去溝通，又怕哪句話會碰觸到孩子敏感的心。遇到這種情況，家長可以首先去當一個傾聽者，引導孩子說出自己的想法。如果孩子不開口，或者只會哭泣，家長不妨放低姿態，試著改變思維，將自己放在與孩子平等的角度上，適當地示弱。

前文中的麗薩就是這樣與妹妹溝通的，她先安撫妹妹的情緒，用轉移注意力的方法讓妹妹停止哭泣。在妹妹的情緒穩定下來後，她蹲下來看著妹妹說：「妹妹，你幫媽媽一個忙好不好？你告訴媽媽剛才你為什麼哭得那麼傷心呢？」

妹妹的眼眶又紅了，但是沒有繼續哭。「我不要新的小海馬，我就要這個小海馬。」妹妹說著指了指地上那個壞了的小海馬。

麗薩把小海馬撿了起來，說：「妹妹很喜歡這個小海馬，想要繼續和它玩，對嗎？」

妹妹說：「這是爸爸買給我的，我不要新的。」

麗薩笑著說：「原來妹妹是喜歡爸爸買的玩具啊，因為這是爸爸送給你的生日禮物，所以你最喜歡對嗎？」

妹妹害羞地笑了笑。

麗薩說：「可是這個小海馬已經陪了你很長時間，它有點累了，生病了，我們讓它去休息好不好？等爸爸回來了，讓他再送給你一個別的小動物。」

妹妹看著壞了的小海馬，想了想，點點頭說：「小海馬病了，讓它休息。」

麗薩笑著抱起妹妹說：「那我們一起把生病了的小海馬收起來，讓它好好休息好不好？」

妹妹笑著點頭：「好。」

家長想要實現有效溝通，是需要花費大量的精力去研究的。嘗試了解孩子的內心世界，學會傾聽他們的聲音，會讓我們在溝通中得到更多。

心理學家認為，要想解決孩子的問題，首先要解決父母的問題。

與孩子溝通很考驗父母的情緒涵養，與溝通無效結伴而來的還有大吼大叫，對高敏感孩子大吼大叫可能導致的後果會比一般孩子來得更猛烈。會讓高敏感孩子更容易感到害怕、恐懼、沒有安全感，繼而會認為「爸爸和媽媽不愛我了」。

相信很多輔導孩子寫作業的家長都有過這樣的狀態：憤怒，但還要忍著不能發火。很想一口氣跑上山咆哮幾聲，卻只能停留在想想的階段。

輔導孩子做作業最能考驗父母的情緒，在溝通中也需要更多的耐心和勇氣，輔導前心平氣和、情緒穩定，輔導後宛如褪去一層皮，高血壓患者更要慎重靠近，這是萬千家長流不盡的辛酸淚。

社區的飯糰媽媽就處在水深火熱之中，每天輔導兒子寫作業，還要顧及兒子敏感的小神經，還好她很會控制自己的情緒，每天默念一百遍「看淡一切，生命最重要」。然而有一天，飯糰媽媽應公司要求去店裡審計，很晚才能回來，輔導作業的重任就交給了飯糰爸爸。爸爸沒有經驗，一時間情緒失控，忍不住吼了孩子。爸爸平時就一臉嚴肅，小飯糰本來就害怕爸爸，被吼了之後更加害怕，晚上睡覺還夢到被罵，哭醒了。飯糰媽媽徹夜安慰小飯糰，總算將他哄睡。

高敏感兒童的內心世界比一般孩子更柔軟，對外界的感知也更細膩，相應的，他們更容易受到外界的影響，心靈也更容易受傷。

對於高敏感兒童而言，身邊親近的人是他們最信任的依靠，尤其是父母，他們會對父母產生依賴性。當家長因溝通無效或情緒失控而大吼大叫時，孩子會感到害怕和恐懼，繼而缺乏安全感，對外界產生畏懼心理。長此以往還會產生自我懷疑和否定自我的情況，甚至出現自卑感。

因此，對於高敏感兒童的教育，家長更要細心，避免進入教養謬誤。「棍棒底下出孝子」的古訓早已不適合教育現在的孩子，大吼大叫也是一種錯誤的溝通方式。

我們要把具有高敏感特質的孩子當作是一件精美的水晶藝術品，因為是獨一無二的珍寶，所以要格外謹慎和珍惜。

愛孩子，就從如沐春風的溝通開始吧！

父母決定高敏感特質的轉化

高敏感兒童與生俱來一種特殊的能力：高敏感力。想要高敏感成功轉化，成為名副其實的天賦，父母具有至關重要的作用。可以說，父母的行為和態度決定了孩子高敏感特質的轉化，而且可以促使高敏感力成為孩子人生中的優勢。

父母是從孩子出生開始就一直陪伴其成長的人，在孩子眼中，慈愛的母親和偉大的父親就是最權威的存在。剛出生時，孩子對周圍的一切都處於探索階段，高敏感孩子生而敏感，對事物的感知會更深刻，與一般孩子相比，高敏感孩子更需要得到父母的認可，這個時候就需要父母發揮主觀能動性，給孩子支持和理解。

伯特．海靈格（Bert Hellinger）博士是在德國具有深遠影響力的家庭心理治療師，他認為，無論在何種情況下，孩子都會本能地想要得到父母的認可。除了父母的認可，孩子還需要來自父母雙方的愛和關懷。

方妮是個具有高敏感特質的孩子，尤其在色彩搭配上表現得很有天賦，她說過：「如果不是我爸媽，我可能會一直是個怪人。」

方妮生活在一個北方小鎮，她出生後，父親為了生計換了份強度大的工作，母親辭了工作在家專心帶她。由於父親經常加班，回來的時候她和母親早已入睡，為了不打擾到她們，父親經常睡在次臥，父母兩人長年處於分床睡的狀態，時間久了，矛盾也就出現了。

方妮說她的記憶力非常好，而且很會察言觀色，她總能察覺到母親情緒的變化，母親心情不好時她就會變得很乖。當母親哭時，她會主動去抱抱，對母親笑。她很希望父親和母親不再吵架，想要母親多笑一笑，想要父親多陪陪她。

方妮在小的時候不知道自己屬於高敏感特質，她所做出的種種「怪異」行為在鄰居眼裡都屬於「自閉症」和「孤僻」，還有「神經質」和「怪小孩」。她不喜歡交朋友，見了人不會主動打招呼，別人越關注，她就越想躲開。她對顏色很敏感，去超市會不由自主地將顏色一致的飲料放在一起。當父母爭吵時，她會本能地感到害怕，她覺得父母是因為自己而吵架。

孩子對事物的認知還不夠成熟，高敏感孩子又更容易受到外界環境的影響，遇到自己不理解的問題，高敏感孩子往往會把問題藏在心底，陷入思維惡性循環。

方妮的「怪異」行為後來被母親察覺，漸漸地她發現母親願意花時間陪她聊天了，還經常帶她出去散步。母親發現她喜歡繪畫，於是替她報了班。與此同時，父親的工作時間終於恢復正常，也會抽時間陪她玩遊戲、看書。而且最讓她開心的是，父母的關係緩和了許多，一家三口有時還會出去吃飯和看電影。

方妮的母親對她說：「媽媽沒有覺得你的行為很怪異，相反地，媽媽覺得你好厲害，可以畫出那麼美的畫。」

此前方妮聽到的聲音大多是「怪小孩」三個字，鄰居和同學的評價讓她更加內向，她覺得社交很累，只想一個人做些喜歡的事，不想被外界打擾。而母親對她的肯定和認可燃起了她內心的渴望，她不是怪小孩，她也能和其他孩子一樣得到父母的讚許。

顯而易見，父母的行為會影響高敏感孩子人格魅力的塑造，前文提到的案例就足以證明，這種影響力的作用是正面向上的。父母既然能夠決定孩子敏感力的轉化，那麼他們都需要怎麼做呢？

首先，父母應該樹立正確的認知，和諧的夫妻關係是建立良好親子關係的前提。

一個健康的家庭中，父親、母親和孩子是處於三足鼎立的狀態，相互之間連成的線是等邊三角形，三者之間距離相同，角度也一致。父親愛母親，母親愛父親，父母愛孩子，這樣良好的狀態最適合孩子成長。

從古至今，母親在孩子的成長過程中扮演的角色似乎總是比父親更重要一些，相應的，母親投入的時間和精力也更多。十月懷胎，承受分娩之痛，孩子出生後日夜不斷地餵奶，日後的親子遊戲，打預防針，陪孩子學習，開家長會……似乎母親的參與率要遠高於父親。

但實際上，父親參與孩子成長過程的意義是重大的，不僅利於夫妻關係的維繫，還利於親子關係的發展。父親在養育子女的過程中發揮的作用不可替代。

高敏感孩子從出生開始就需要得到更多的關愛，他們生性敏感，天生具有強大的感知能力，很容易受到外界環境和周圍人的情緒影響，因此父親和母親的關愛缺一不可。

在一個高敏感兒童家庭裡，如果孩子跟母親的關係過於親近，父親很少參與，那麼男孩兒可能會產生戀母情結，性格偏柔軟，缺少剛強勇敢的感覺。女孩兒則會感覺缺少父愛，內心更敏感，也會影響到成年後的擇偶觀。

父母恩愛、關係親密，高敏感孩子會最先感受到。他們對無形中維繫的愛和溫暖的感知更敏感，會產生幸福感和安全感。假設父親和母親關係不好，經常吵架，即使父母很愛孩子，把所有正面情緒都留給孩子，也是一種畸形的關係，高敏感的孩子依舊會感受到父母的負面情緒，而且會產生錯誤的自我認知：是他的原因導致父母關係惡劣。

其次，父母的意識很重要，不要轉移外界錯誤的資訊，相信孩子與生俱來的天賦。

父母應該從心底接受孩子的高敏感行為，而且從潛意識裡相信孩子的高敏感會得到轉化，變成孩子身上的優勢。這樣才能有方向性地引導，幫助孩子正確認知自己的行為，完成敏感力的轉化。

美國著名心理學博士伊莱恩·阿倫對高敏感兒童做了很多

研究，她在《發掘敏感孩子的力量》一書中寫道：「一定是因為你內心渴求一個獨特的孩子，上天才會賜予你這樣神奇的禮物。」

在養育高敏感孩子時，父母要非常有耐心，要控制好自己的情緒，不要讓外界的異樣聲音影響自己對待孩子的態度，要保持自己的判斷，相信和鼓勵孩子。

高敏感孩子的內心世界需要父母去呵護，同時孩子的行為也需要得到父母的尊重。父母作為教育孩子的重要成員，有義務讓孩子正確了解自己的行為，不讓他們受到外界的傷害，幫助他們減輕心理壓力和負擔。

家長要積極地帶孩子去認識未知的世界，參與親子活動，開發孩子的敏感力，有針對性地引導，提供他們深度學習的機會。比如孩子對顏色敏感，可以引導他們去繪畫。孩子記憶力很好，對數字敏感，可以讓他們上學習班、奧數班。孩子內向害羞，不願意社交，那麼就多帶孩子出去，可以玩遊戲，可以看世界，教導他們交朋友不需要廣和多，知己好友有一個也足矣。孩子的很多敏感行為都需要父母去理解，父母也需要耐心去陪伴孩子一起探索，一次不成功就再進行第二次、第三次。

水滴石穿，努力會成功多一份加持和力量。

我認為，孕育生命這件事很有意義，這就像是一場修行，父母在養育孩子的過程中需要「打怪更新」，和孩子一起登上愉快的巔峰。

家庭環境對高敏感孩子的影響

腦神經科學家發現高敏感特質是與生俱來的。孩子的高敏感是先天存在的，後天並不能培養出敏感性格，但後天的成長環境卻會對其產生巨大的影響。在眾多影響因素中，家庭環境的影響是最關鍵的。

高敏感兒童的行為能力和對外界的認知能力還在不斷完善，在這個過程中，家庭所發揮的作用不可替代。家庭環境、家庭關係、家庭成員的生活習慣和情緒狀態，都影響著高敏感兒童的未來發展。由於他們自我保護的意識還很薄弱，容易進入思維陷阱，過強的情緒感知能力又容易加重心理壓力，這個時候就需要家長進行恰當的引導，幫助孩子認清自己的小敏感，不要讓敏感成為阻礙他們成長的絆腳石。

家庭環境溫馨舒適，家庭關係和諧健康，高敏感兒童在這樣的環境下成長，會更有益於敏感力的轉化，提升他們的幸福指數，心理也會更健康。如果家庭環境惡劣，家庭成員之間的關係劍拔弩張，矛盾不斷，孩子就會更敏感，性格更偏於內向，不僅安全感缺失，心靈也會蒙上陰影。

傑瑞嬰兒時期對聲音極敏感，一丁點聲音就能引起他的驚跳反應，隨後驚醒哭鬧。一般來說，嬰兒哭時，要及時給他安慰，穩定各種原因帶來的情緒，這樣能使嬰兒產生安全感。但傑瑞的哭聲從來得不到父母的關注，因為他的父母很忙，忙著製造噪音，忙著打架。

傑瑞又一次被爭吵聲驚醒，又是半夜三更。他很不幸，才來到這個世界就處於水深火熱的環境中，家庭環境可以說極其惡劣。惡劣本就很可怕，還需要用「極其」來修飾，足見這個家庭環境的糟糕程度。

傑瑞的爸爸是個酒精愛好者，嗜酒成性，恨不得整日泡在酒裡。除了醉生夢死，他還有其他愛好嗎？很不幸，他還有個「愛好」—— 打人。傑瑞的爸爸經常喝到三更半夜才回家，回家看到老婆就打，打完第二天又會後悔，道歉完再去喝，喝醉了還會再打，如此循環。傑瑞的媽媽總是選擇原諒，認為有了孩子會好些，他只是壓力太大了。但是，傑瑞的出生並沒有改善他們的夫妻關係，傑瑞爸爸的醉酒打人行為一如既往。

傑瑞天性敏感，在嬰兒期就已經失去了安全感和依賴感，上學後更是對父母察言觀色，一旦父母有情緒上的波動，他就會條件反射式地緊張和害怕，久而久之他更內向了，在學校也不愛說話。

原生家庭帶給傑瑞的童年很大的痛苦，長大後的他雖然離開家去了洛杉磯，但依舊對外界充滿恐懼，高敏感的特質沒有被轉化，他成了別人眼中的「怪人」。他對人疏離，敏感多疑，思慮很重。別人說話的聲音稍微大一些，他就認為自己做了錯事，令別人不滿，之後開始自我否定和批判。他不相信別人，從不主動社交，做任何事都是一個人。他也不期待家庭生活，對婚姻有恐懼心理，下定決心做不婚族。

傑瑞的高敏感特質本可以轉化為優勢，但由於原生家庭的環境太過惡劣，缺乏父母教育，沒能讓敏感力豐富他的人格，反倒讓高敏感成為一種負擔，一直伴隨他長大。

若家庭環境充滿愛和陽光，高敏感的孩子會心中有光亮，頭頂小太陽。若是布滿荊棘，那麼孩子會心中長刺，刺痛自己，產生童年陰影。

法蘭西斯．培根（Francis Bacon）是英國文藝復興時期著名的哲學家，他首次提出要將教育學作為一門獨立的科學，他認為，幸福的家庭，父母靠慈愛當家，孩子會因為對父母的愛而順從大人。

高敏感兒童的內心很柔軟，需要細心呵護，家庭可以有效地幫助他們實現自我認知。

高敏感兒童就像清澈的水，家庭就是水渠，可以幫孩子過濾掉產生傷害的泥沙；但如果水渠本身就存在裂痕，隨時會崩塌，那麼水最終也將被汙染。

《社會契約論》的作者盧梭（Rousseau）是十八世紀法國的啟蒙思想家、教育家，他曾經在自傳《懺悔錄》中提到：「一想到要把孩子交給這樣一個亂糟糟的家庭去撫養，我就感到害怕，如果把孩子交給他們去教育，那必然會越教越壞。育嬰堂的教育要好得多，這就是我決定把孩子送進育嬰堂的理由。」

家庭環境不好，父母不能給孩子很好的教育，這會影響孩子未來的發展，所以盧梭將孩子送去育嬰堂，說明家庭對孩子的影響是深遠的，還會影響孩子成年後的心理健康。

盧梭曾這樣說：「幸福的家庭是培養孩子成人的溫床，家庭生活的樂趣是抵抗壞風氣毒害的最好良劑。」

高敏感兒童對外界的感知有先天的敏感性，比起一般的孩子，他們更能精準地感受到家庭是否溫暖和幸福，感知到父母關係和情緒的變化。當他們的心靈受到創傷時，會更容易產生創傷後壓力症候群，需要透過外界的介入才能走出來。當然這也需要花費更多的時間。

有研究顯示，由家庭環境導致的高敏感兒童的心理問題，可能會引發更深層次的問題。他們比一般兒童更容易自卑，缺乏安全感，未來的婚姻觀更易受到影響，甚至會對婚姻和家庭產生恐懼心理。因此，與其事後介入，不如將創傷扼殺在搖籃裡。

既然家庭環境對高敏感兒童的影響如此巨大，那麼我們應該如何應對呢？

第一，要營造給高敏感兒童一個良好的生活環境，不必完美，但務必要溫馨。如果將孩子比做花朵，擁有高敏感特質的孩子更像蘭花，他們對生活環境的要求很高，溫馨和睦的家庭就是高敏感孩子成長的溫室。孩子對外界的感知處於探索階段，家庭氛圍的好壞會直接影響他們對自我的感知。只有讓高敏感得到轉化，孩子的人格才會更加飽滿。

若家庭物質充盈可以改善生活環境、提高生活品質，若相對拮据就保證屋子整潔衛生，打造一個氛圍溫馨、親人和睦，充滿愛的良好的生活環境。

第二，父母的關係要親密和諧，不在孩子面前流露負面情緒，這有利於塑造孩子的安全感。家庭關係會影響孩子日後的婚姻觀和家庭觀，和諧的夫妻關係、友愛的婆媳關係，能讓高敏感兒童的心靈舒適放鬆，沒有壓力。既然高敏感兒童容易受到情緒的影響，那麼父母就應該控制自己的情緒，不要將工作中產生的負面情緒帶回家裡。家應該是溫馨和睦的，不應存在爭吵和負面情緒。

家長如果發現自己情緒失控，一時間調節不好，不妨暫時離開家，找個合適的地方將問題和矛盾解決，絕對不要當著高敏感孩子的面吵架，他們會把爭吵的原因歸咎在自己身上，會認為父母吵架是因為自己不乖。

第三，親子遊戲很重要。在家庭教育中，父親不能缺席，要積極發揮自己的作用。

社群網站上有人提起喪偶式育兒，講述的是父親在親子教育中的缺失。男人習慣用「我忙得很」來解釋不參與家庭瑣事和教育孩子的原因，不得不說，這個原因真是簡單又敷衍，單調又偷懶。

高敏感兒童需要得到家庭中更多的溫暖和關注，父親和母親缺一不可。父母一起參與的親子遊戲更能讓孩子產生安全感，樂趣也會倍增。

現代社會壓力太大，忙碌也是生活的代名詞，但無論怎麼忙，每個月挑兩天作為家庭日，既能穩固夫妻關係，又能加強親子教育，讓孩子在遊戲中快樂地成長。

第四，言傳身教很重要。家長要為高敏感孩子樹立榜樣，引導他們正確對待自己的生活和學習。在家庭教育中，父母應該扮演什麼樣的角色呢？父母的言傳身教是家庭教育的重要組成部分，也是決定性因素，這是無可厚非的。好父母帶出好孩子，他們會在生活的點點滴滴中提煉出好的教育素材，注重細節和榜樣的力量，用實際行動引導孩子健康快樂地成長，培養孩子各個方面的能力。

高敏感兒童的觀察力和模仿力很強，父母需要用心去引導，給孩子一個榜樣的力量，幫助他們接收和消化。

第五，家庭關係的鉅變會影響高敏感孩子的心理健康，一旦他們出現心理上的問題，父母要及時介入，不要讓孩子陷入自我否定的惡性循環。對於高敏感孩子來說，父母的關係不好會導致很多心理問題，會對生活產生焦慮感和不信任感，嚴重的還會出現社交障礙和憂鬱心理。

我曾看過具有高敏感特質的孩子，她很會觀察和照顧媽媽的情緒，明明不喜歡吃海參，還要為了媽媽裝出喜歡吃的樣子。當媽媽生氣時，她會主動去和好，抱抱媽媽。而對她影響較大的是父母離婚，她明明捨不得，卻裝作不在乎，但實際上她非常在乎父母的關係。

父母的婚姻破裂後，高敏感的孩子很有可能會產生心理問題，父親或母親一定要多多關注。此外也要讓孩子依舊感受到雙方的愛，孩子是不想父母成為仇人的。

我們生活在冰冷的城市裡，渴望家庭的溫暖，無論孩子還是成年人，家庭在我們心中的地位都是非常高的。避風的港灣需要我們一起去守護，幸福的家庭也在保護我們的心靈不受傷害。

第四章

與高敏感孩子建立和諧相處之道

父母應該提高對孩子的關注度

威尼科特（Winnicott）是英國家喻戶曉的精神分析學家，同時也是一位兒科醫生，他這樣說過：「孩子必須確認自己可以隨時回家，才能安心地向前發展。」

家，是孩子避風的港灣，可以帶給他們安全感。而父母則是他們依賴的對象，他們可以從父母那裡得到愛和溫暖、關懷和照顧。

對於高敏感的孩子來說，來自父母的關愛更加重要。因為他們的心思和行為很容易被人誤解，往往會把自己置於情緒的黑洞，因此全方位地了解他們，提高對他們的關注度尤為重要。

相信大家在上學時都遇到過這樣的情形，班導會不定時地站在教室後門，透過玻璃窗觀察學生們的表現。上自習課時，班上沒有老師，但沒有人敢說話，也沒有人隨意走動，因為他們知道班導會隨時出現在後門「關注」他們的一舉一動，沒有人願意冒險，只能認真寫作業。

上課時，如果老師的目光落在一個學生身上超過三秒，那麼那名學生就會挺直腰板，正襟危坐，眼神充滿期待，有了聽課的幹勁，精氣神也足了，人也不懶散了。真是神奇的「關注」。

老師對學生的關注就像是一種無形的鼓勵，透過這種方式讓孩子領悟到自己要更加努力才可以。高敏感的孩子接收周圍的情緒和資訊更迅速，他們像雷達一樣反應敏銳，會率先接收這份關注，而這份關注也會帶給他們動力，促使他們努力學習。

孩子進入學校後有來自老師的關注，回到家就需要得到父母的關注。這裡要提及一個心理學效應 —— 霍桑效應。

霍桑效應或稱霍索恩效應，是指當人們知道自己是研究或觀察對象時，會做出相應的行為改變。霍桑是美國芝加哥一間電氣公司的工廠，實驗研究就是在這間工廠進行的。心理學家原本想透過研究薪資、勞動強度、工廠硬體設施等找到提高工廠效率的方法，但改變基礎設施並沒有使效率提升。

但心理學家發現，當他們找到工人聽取意見，讓他們把工作中的不滿講出來的時候，被選擇的工人認為自己得到了關注，是與其他人不同的特殊群體，因此形成了一種主觀上的自我激勵，加倍努力工作，藉此證明自己值得專家的關注。最後霍桑工廠的效率也得到了提升。

霍桑試驗證明了被關注會對人產生極大的影響，他們的心態更正面，自信心也更強，來自外界的關注會督促他們朝著正能量的方向前進。

在家庭中，父母提高對高敏感孩子的關注度，也會對他們產生正面的影響。

第一，安全感提升。

高敏感的孩子對陌生的世界會產生或多或少的恐懼感，在探索周圍事物時，會本能地尋找最親近的人。一般來說，嬰兒會更依賴母親，這個時候如果母親對嬰兒的關注度足夠高，了解嬰兒的習慣，就能恰到好處地做出回應。這有利於嬰兒建立初期的安全感。

等孩子稍大些時，接觸外界客體的機會越來越多，在他們接觸或探索世界時，如果有父母在身後關注，就能增加他們的勇氣和信心。

第二，更有積極性。

孩子都渴望得到父母的認可，當父母的視線落在孩子身上，帶著鼓勵或讚賞的神情，敏感的孩子會第一時間感覺到。當他們知道自己被關注，做事就會更有積極性，本能地想要做得更好，以此來向父母證明他們是值得被關愛的，是父母的驕傲。

第三，自我意識增強。

受到關注的孩子自信心會持續增加，他們會認為自己無所不能，也更勇於說出自己心中的看法和觀點，這有利於產生真實的自我。

第四，鞏固親子關係。

父母透過增加關注可以對孩子有更多了解，花時間和精力與孩子相處，參與到他們的世界，和他們一起玩遊戲、解決難題、學習新鮮的東西，孩子會感受到快樂，親子間的關係也更融洽。

唯物辯證法認為，凡事要堅持適度原則。父母的關注也要講究分寸，最好控制在一定的範圍內，拒絕過度關注和介入。

對於高敏感孩子來說，父母過多的關注會造成他們困擾，他們會感覺壓抑，認為失去了自由的空間。過多的關注非但無法達到預期效果，反而會讓敏感的孩子產生負面情緒。

小可的父母對她的關注堪稱全方位無死角，全無祕密和隱私可言，小可媽恨不得在孩子身上裝個監控，每時每刻都知道孩子在做什麼。事實上，她在家裡就安裝了兩個攝影機，一個在客廳，一個在小可臥室。

小可放假在家時，只要做錯一件事，比如剛打開電視機，媽媽就打來電話說不可以看電視，傷眼睛又費時間，就連吃飯少吃一口蔬菜，媽媽都能立刻發現。在學校時她也感覺自己時刻被媽媽「關注」，那些與學習無關的事都會被她媽媽知道。久而久之，小可變得越來越敏感，常常認為自己被人監視著。最後她情緒崩潰，出現了憂鬱的症狀，做什麼都提不起興趣，覺得活著很沒意思。

起初小可的媽媽沒有意識到，她的關注並不是關心，而是在監視。好在她懸崖勒馬，及時發現自己的錯誤行為傷害到了孩子，於是積極地帶小可去看心理醫生，並拆掉家裡的攝影機，改正了自己過度關注的行為。經過心理治療，小可的憂鬱症狀也有所好轉。

高敏感的孩子在不被理解時，最渴望得到父母的支持，要讓他們知道父母永遠都站在他們那邊。

關心高敏感孩子的成長，關注他們的內心，在生活的點滴中感受孩子的快樂和苦惱，和他們一起成長、一起分享快樂、一起解決難題，這是一種為人父母的幸福。和孩子共同探索這個未知的世界，一起邁向人生新的節點。

傾聽比說教更能走進孩子的心

表哥的女兒北北最近總和我控訴表哥的「種種惡行」。表哥是某公司的中層幹部，可能是平時指責下屬比較得心應手，回到家後角色轉變不過來，管教姪女也多採用說教式，有時苦口婆心，有時色厲內荏，真把孩子當下屬了。姪女上了國中，已經有了自己的想法，對表哥的說教式教育難免有些牴觸，她想表達自己的想法，但每次才說了一句，表哥那一連串的說教就開始了。久而久之，姪女不再表達自己的意見，將內心隱藏起來，父女關係也降到冰點。表哥還奇怪為什麼女兒不愛說話了，以前明明很喜歡表達自己的觀點，挺活潑的啊！

表哥的思維代表了許多男性家長，他們大部分沉浸在自己的世界裡，認為自己的教育沒問題，都是為了孩子好，反而奇怪孩子為何會如此。表哥崇尚溝通的教育理念並無問題，但他溝通的方式錯了，他選擇了一種令自己女兒反感的方式，不但達不到效果，反而引起父女關係的惡化。溝通是雙向的，有時懂得傾聽更重要。

普通孩子尚且如此，那麼高敏感孩子呢？他們對說教反感嗎？

一般的孩子在遇到自己不喜歡的事或感到不舒服時，他們首先想到的是表達出來，這是一種向外的延展。但高敏感孩子的思維會向內收攏，他們更擅長把心思藏在心底。如果家長放任不管或一味說教，他們可能永遠都不會說出來，直到出現焦慮、自卑等心理問題。

好友姜末的孩子小月具有高敏感特質，性格內向，心思細膩。姜末習慣把孩子生活和學習上的事情安排得妥妥貼貼，不讓孩子有任何後顧之憂。同一件事會不由自主地反覆說，有時怕孩子沒聽清或是沒聽懂，有時是想多說幾遍加深孩子的記憶。當孩子犯錯時，她會不厭其煩地擺事實講道理給孩子聽，沒有一個小時絕不停止。每次她這樣做時，孩子都一言不發，表現得排斥和她接觸，漸漸地孩子不願意交流，也不愛出去玩。

其實對於高敏感的孩子來說，過多的叮囑與說教會讓他們產生不自信的心理。就像小月，聽到媽媽一遍又一遍的提醒，她會想：媽媽是不是覺得我笨，她都說三遍了，我還能聽不懂嗎？她是不是覺得我很沒用？當小月犯了錯，媽媽開啟說教模式時，她會想：這次犯的錯太大了，媽媽都說那麼多遍了，她是不是要放棄我了，她是不是不愛我了？被說教多了，孩子會厭煩，會拒絕溝通，會將自己的內心隱藏起來。

有些家長習慣把自己的思想強加到孩子身上，當孩子與預期不符時，家長就會開始他們的說教。

在這個過程中，高敏感的孩子會注意到說教者的態度和語言，任何一個帶有情緒色彩的詞語，都可能引起他們多想。比如在孩子猶豫不決動作慢時，家長會說「快點」。這簡單的兩個字會讓高敏感兒童生出許許多多的負面情緒來。

焦慮：我做得太慢了嗎？我被別人落下了嗎？

自卑：我果然不行，這麼簡單還做得這麼慢。我好笨，沒有人喜歡我。

不安：媽媽催我好幾次了，我越來越害怕，這件事一定做不好了。

生氣：又說！還要說幾遍？我已經夠快了！

高敏感孩子的思維天生和一般的孩子不一樣，他們的內心強大與脆弱並存，而說教式教育將他們的心推向了脆弱的方向。

因此在與高敏感孩子相處時，家長要避免說教式教育。

家長可以用講故事的方式勾起孩子的興趣，多陪孩子看繪本，在故事的結尾用提問的方式引導孩子參與其中，鼓勵他們表達自己的看法。

此外，家長要避免多次複述，多次強調只會讓孩子感覺不被信任，有可能產生自卑心理。家長只需要講述事實，指出問題，提出期望。孩子如果沒有聽懂，要引導他們把疑問說出來，這個時候家長再解釋一次，孩子會記得更扎實。

家長要學會傾聽孩子的心聲。我認為傾聽可以將孩子的心拉向強大的方向，有利於塑造自信心。

法國啟蒙思想家、文學家伏爾泰（Voltaire）曾說過：「耳朵是通往心靈的路。」

蘇格拉底（Socrates）是古希臘著名的哲學家，他說過：「上天賜人兩耳兩目，但只有一張口，欲使其多聞多見而少言。」

傾聽是一種態度，它所表示的是對說話者的尊重與重視。傾聽也是一種涵養，它可以增進感情，維繫關係，讓說話者增強信心。傾聽更是一種藝術，是與高敏感兒童溝通的祕訣，可以讓他們產生信賴感。

與高敏感兒童交流時，更要注重傾聽。以下幾點值得注意。

第一，傾聽時要全神貫注，有耐心，不著急。

第二，不要將孩子的話視作兒戲，要尊重他們的思想，不要打斷，也不要對孩子的觀點妄加評判。要用和善的語氣友好地與他們商量。

第三，與孩子溝通要用心，認真傾聽孩子的話，並深入思考。也要能做到取孩子之長、補自己之短。孩子看問題的角度往往會更精準。

第四，孩子說話時要看著他們的眼睛，與他們眼神交流，讓他們知道自己被重視，這會增強他們的自信心。

當孩子一天天長大，他們對我們的依賴會轉移到精神上。傾聽孩子的心聲可以讓他們產生信任感，緩解內心的敏感與煩惱。當孩子遇到困難和挫折，我們要表示關心，不要讓他們被負面情緒影響和控制。而在傾聽的過程中，親子關係也得到了鞏固。

高敏感孩子水晶般的心需要被守護，從此刻起，打開孩子的心扉，讓他們暢所欲言，說出自己的所思所想。而身為家長的我們，只需要做好一件事，那就是「傾聽」。

與愛哭的高敏感孩子這樣相處

你的孩子會不會經常哭？有時你會覺得莫名其妙，詫異孩子因何而哭。

有些孩子特別害怕突如其來的聲音，爺爺的咳嗽聲、鄰居的關門聲、廚房傳來的切菜聲、蚊子飛來飛去的嗡嗡聲……都能讓他們驚醒並大哭不止。

有些孩子容易受卡通片的影響，櫻桃小丸子摔倒了會哭、蠟筆小新被媽媽罵會哭、海綿寶寶和朋友分開還會哭。

在幼稚園幫小朋友過生日也要哭，老師問她原因，她說是因為被感動了，太開心了所以要哭。

還有些時候，孩子雖然沒有哭，但情緒低落，一個人靜靜地玩玩具，任何人都不理，或者很乖地寫作業，看著寵物發呆。

高敏感兒童有很強的感同身受的能力，他們的淚腺也更容易被啟動。

尚在襁褓之中的嬰兒會用哭來表達自己的需求，餓了、冷了、累了、睏了。高敏感的嬰兒會因為一些更隱晦的原因而哭，往往讓家長摸不著頭緒。比如衣服出現皺褶，磨到嬌嫩的皮膚了；衣服商標沒拆，讓小寶寶的肌膚不舒服了；夢裡面沒有跟其他小朋友搶到奶喝，很傷心於是嚎啕大哭；看到身邊沒見過的陌生人，害怕得哇哇大哭……

學會說話後，高敏感孩子會受到外界影響，又不善於表達情緒，便會透過哭來緩解。再大一些的高敏感孩子或許會將眼淚隱藏起來，表面不哭，但是心在流淚，這種情況需要家長高度重視。

哭可以分為生理上的眼淚和心理上的反應，兩者都不能被忽視，需要用合適的方法引導。

英國一位著名的兒童教育專家約翰．華生（John Watson）提出了「孩子哭不抱，不哭才抱」的理念，他認為這樣會讓孩子更加獨立。他用這個教育方法訓練了自己的兩個孩子，可這兩個孩子都沒有朝著他期望的方向發展。兩人性格上都存在缺陷，曾多次嘗試結束生命，心理十分痛苦，還染上了酗酒的惡習。

書本上的育兒理念可謂眾說紛紜，各位家長朋友不要盲目模仿。

唯物辯證法教我們：「實踐是檢驗真理的唯一標準。」

孩子的性格千差萬別，每一個孩子都是獨一無二的，他們有自己的思考方式和習慣，哭的原因也不盡相同。家長要研究自己孩子的特點，找到孩子哭的規律，按需求解決問題。對於敏感的孩子來說，哭的時候不抱、不幫助他們調節情緒，會讓他們認為爸爸媽媽不愛自己了，逐漸失去安全感。

朋友筱禾從小就經常哭，筱禾媽媽確信孩子哭就是需要幫助，不能放任不管，而筱禾奶奶堅信孩子一哭就抱容易抱出毛病，養成壞習慣。婆媳兩人出現教養分歧，筱禾媽媽用自己的親身經歷說服了筱禾奶奶。筱禾媽媽就是因為小時候哭了沒人抱，以至長大後極度缺乏安全感，還時常做噩夢。

筱禾哭是因為枕巾起褶磨到頭，她覺得不舒服。上小學後她經常做噩夢，總是夢到已故的人，嚇醒後本能地哭。每次哭，筱禾媽媽都會及時去抱她，或者握著她的手告訴她不要害怕。筱禾說自己很在意別人的看法，有時還會因為想太多，心理壓力太大而哭出來。媽媽總會及時給她安慰，跟她交流溝通，幫助她緩解心理壓力。

敏感的孩子會自我懷疑，容易缺乏安全感。當他們哭時，父母應該及時給他們抱抱和安慰，不要讓眼淚留下疤痕，成為心理上的創傷。

另一個朋友肖剛就沒有筱禾好運，家人都認為男孩子要從小養成堅強勇敢的性格，不要一哭就抱。所以他的敏感從小就被忽略了，從來得不到安慰和關心。具有高敏感特質的他認為爸爸媽媽更愛妹妹，沒有人關心他，因此變得更加內向，不願意說話，不想出去社交，逢年過節更喜歡在自己的屋子裡一個人玩。「哭了不抱，不哭才抱」，這種方式沒有培養出肖剛的堅強和勇敢，反而放大了他的敏感，成了他的劣勢。

育嬰專家認為，0 ～ 3 歲是孩子建立安全感的重要時期，孩子哭一定有他的原因，家長需要及時解決。

那麼當高敏感的孩子哭時，我們需要如何應對呢？

第一，要排查病理性哭泣。嬰兒胃脹氣、腸絞痛時會大哭，這個時候可以按順時針方向輕揉寶寶的肚子，或者採取飛機抱來緩解疼痛。之後及時帶孩子去醫院就診。

第二，家長需要第一時間給孩子安全感，用擁抱平復他們的情緒。有些高敏感的孩子一哭，家長就感到焦躁，因為他們哭的理由讓人摸不清。這個時候家長要有耐心，先調節好自己的情緒，再溫柔地安慰孩子。

如果家長情緒很崩潰，不妨試著對自己說：「孩子一定是因為難受才哭，我要馬上安慰他，不能發脾氣。」家長可以用視線轉移法轉移孩子的注意力，抱著他們輕輕拍背，給他們平時最愛的玩具安撫情緒。總之，想辦法讓孩子先不哭。

第三，孩子的情緒穩定下來後，家長要透過溝通了解孩子哭的原因，從而找到解決問題的辦法。了解孩子的性格，讀懂孩子的動作，理解孩子的心理，這些是家長實現與孩子有效溝通的前提。了解高敏感兒童的內心並不是一朝一夕的事情，需要慢慢累積，了解孩子敏感背後的原因，才是解決問題的關鍵。

敏感的孩子哭後，家長要循序漸進地引導孩子敞開心扉，學會傾聽和理解，包容孩子敏感的思維和情緒。

第四，家裡有兩個或以上的孩子，父母要注意照顧高敏感孩子的情緒，不要讓他們感覺愛的天平在傾斜。有兩個孩子的家庭裡，如果其中一個是高敏感孩子，家長就要格外注意一碗水端平。高敏感孩子很容易察覺到愛的失衡，得到的偏愛多一些他們會替另一個難過，偏愛少一些又會陷入自責，認為自己做得不好，爸爸媽媽不愛自己了。孩子會用哭來表達自己的無助。

很多傷痛和哭泣都是由至親引起的，家長要從根本上減少對孩子的傷害，不要讓敏感孩子有哭的機會。

最後，注意高敏感孩子心裡的「眼淚」，及時撫平他們無形的傷痛。

高敏感孩子的思維比一般孩子要成熟，他們看問題不會浮於表面，往往會想到深層次的內容，多思多慮，最後帶給心理巨大的壓力。在他們傷心難過時，無形的眼淚會在心裡流淌，不及時介入和引導，心靈就會受傷，留下疤痕，最後無法修復，形成童年陰影。

因此當高敏感孩子出現反常的行為，比如突然不愛說話、吃飯少、無精打采、不願意社交等，家長就要敲響心中的警鈴了。這是孩子「哭了」的表現，他們內心很難受，需要被拯救。

家長要與孩子交流溝通，透過學校、朋友等側面了解情況，給他們最大的支持和鼓勵，積極主動幫助他們走出困境。

在高敏感孩子的眼中，養育他們的父母是全世界最重要的人。就像可以拯救世界的英雄，是他們心中最崇拜的人，在他們哭時，父母永遠可以第一時間趕到，帶給他們愛和關心。

減少孩子的被拋棄感和疏離感

很多家長認為孩子還小、什麼都不懂，他們覺得孩子各方面發育不成熟，對於外界發生的事情沒有深刻的感知。但實際上，孩子的世界遠比我們想像的更豐富，有時他們懂得的比我們認為的要早很多。

法國電影《孤兒》中有一幕讓人淚目，一個三個月大的男寶寶患有社交恐懼症，他手臂的肌張力不足，雙眼不能聚焦眼前帶顏色的物體，幾乎不能發出聲音。醒了就睜著眼睛靜靜看著周圍，不會用哭去表達餓了或者害怕。

這個小嬰兒的名字是泰奧，才出生不久就出現了心理問題。接下來讓我們一起走進他的世界，看看究竟是哪個環節出現了問題。

泰奧的母親未婚先孕，在沒有準備好的情況下有了泰奧。她準備拋棄這個孩子，讓兒童福利院的社工為她辦手續。孩子出生後，她沒有看他一眼，也沒有摸過、抱過他，對他完全沒有感情。社工建議她見這個孩子一面，當面跟孩子告別，告訴孩子自己的難處，並希望孩子能夠幸福。泰奧的母親起先拒絕了，後來在出院前才決定跟孩子告別，但在告別的過程中沒有說一句話。

在找到合適的家庭前，泰奧需要得到很好的照顧，所以福利院找到了社工男主。男主猶豫了好久才答應照顧這個剛出生的嬰兒，但當他去醫院接泰奧時，卻發生了奇怪的事。剛出生的嬰兒躺在醫院的保溫箱裡，胸口貼著儀器監控他的心跳，社工專員卡林衝著保溫箱裡的嬰兒說：「你的母親不能照顧你，所以將你交託給福利院，你以後會有養父母。但如果你的生母改變了主意，福利院會幫助生母和你聯絡。」在聽到這些話時，泰奧的心跳不斷地加快，從每分鐘 120 次升到了 170 次，他像是能聽懂一樣，感知到了社工和護理師的情緒。

高敏感兒童天生就有很強的共情能力，對周圍人的情緒很敏感。電影中的泰奧就是一個高敏感嬰兒，他能夠感覺到母親跟他告別那十分鐘裡的哀傷。在社工說起他被拋棄時，他感受到了聲音裡的無奈。所以他的心跳在不停地加快。

因為母親的拋棄，三個月的高敏感嬰兒患上了社會交往障礙，如果不能及時得到幫助，孩子將會出現更嚴重的問題，影響到將來的成長。

撫養孩子的社工積極聯絡福利院和醫院，尋找孩子出現社會交往障礙的原因。最後，替泰奧母親辦理手續的社工出現了，她走到泰奧面前跟他說：「你的媽媽雖然沒有與你說任何告別的話，但她想要你知道，將你送養是希望你過得更好，是為了你的幸福。她覺得你非常英俊，她很擔心你，還寫了信給你，或許有一日你會讀到。她希望你能有一對好父母，她知道成為好母親很難，但希望自己將來能成為一個令孩子感到驕傲的母親。她說希望你能諒解。」

當天晚上，泰奧哭出了聲音，他終於恢復正常了。他似乎聽懂了白天社工的那些話。

泰奧在受到母親和社工的情緒影響後，心靈受到了創傷，出現了對周圍的人和事物都不感興趣的應激反應，不哭不鬧，與同月齡嬰兒不同。

高敏感孩子容易受到外部環境的影響，特別是家庭環境。父母如果表現出疏離感，行為和動作有拋棄的含義，那麼孩子很容易缺乏安全感。安全感一旦缺失，孩子會產生自我否定心理，嚴重一些就會自卑、憂鬱，甚至出現社交障礙。

這個時候要先找出孩子安全感缺失的直接原因，用愛和陪伴一點一點改變孩子的固有思維，讓孩子知道父母是愛他們的，而且會一直保護他們。

很多現代女性生育後會選擇去月子中心，或者僱一個居家月嫂。有了月嫂，產婦和嬰兒都能得到很好的照顧，但是也存在一個弊端：孩子只有月嫂抱才不哭，爸爸媽媽一抱就大哭不止。

月嫂日夜不停地照顧嬰兒，嬰兒也熟悉了她的懷抱，反而對父母的懷抱感覺陌生。對於嬰兒來說，陌生就代表不安全，於是他們哭著要求舒服和安全的懷抱。

如果母親長時間遠離嬰兒，和嬰兒沒有交流，那麼嬰兒就會產生「被拋棄感」和「疏離感」，心理上會依賴毫無血緣關係的月嫂或其他親近的人。

因此，很多婦產醫院的牆上都掛著鼓勵母乳餵養的宣傳畫。產婦從手術檯上下來，護理師也會提示家屬，要孩子趴在產婦身上吸吮乳汁，這樣可以快速幫助產婦分泌泌乳素，以達到親餵的效果，還可以增進孩子和媽媽之間的感情，是一種母嬰之間很好的溝通方式。

想要減少嬰兒的「被拋棄感」和「疏離感」其實很簡單，母親凡事都要親力親為，多和寶寶互動，幫他換尿布，哄他睡覺。相信我，一個月後寶寶就會建立起跟母親的關係，母親本身也會有強烈的滿足感和幸福感。

朋友小靚生完女兒後請了個居家月嫂，沒想到，月嫂走了之後，女兒不跟她，一抱就哭，怎麼哄都不行，最後還是經驗豐富的婆婆將孩子哄好。她很難過，差點得憂鬱症。後來她每天和女兒說話，陪她玩，講故事給她聽、換尿布、洗澡，堅持了一個月之後，女兒才不排斥她，才要她抱抱。

不僅是嬰兒期，童年時期也不能忽略孩子的感覺。高敏感孩子的感覺很敏銳，有一點風吹草動就會察覺到，家長千萬不可以掉以輕心，要時刻關注孩子的情緒，不能忽視孩子的成長問題。

隨著收入平均的提高，家長都願意為孩子提供更好的物質條件，隨之付出的是「犧牲陪伴孩子的時間去賺錢」的代價。「忙碌」成了現代家長的代名詞，很多孩子都被送到長輩那裡去撫養。當加班和忙碌成為常態，陪伴孩子的時間會被擠占，孩子就會產生被拋棄感。一般來說，留守兒童的被拋棄感會更強烈，他們長期與父母分離，多和祖輩生活在一起，每年只能和父母見一兩次面，長期的分離會讓孩子與父母產生疏離感，他們所面對的心理問題會更多。

想要減少敏感孩子的被拋棄感與疏離感，家長需要這樣做。

首先，生活再艱難也不要和孩子分開，孩子一定要跟在父母身邊。

父母是孩子成長中最重要的人，任何人都代替不了父母的角色。很多家長認為自己還處在打拚階段，孩子跟在身邊會受苦，沒有好的物質條件，怎麼敢將孩子接到身邊呢？

其實孩子跟在父母身邊才是最好的選擇。陪伴是最好的教育，留在父母身邊是孩子幸福的根源。

其次，工作再忙碌也要參與孩子的成長，帶給孩子安全感和歸屬感。

現在很多孩子都由長輩幫忙照顧，父母專心上班賺錢，認為孩子只要有人陪著就行，於是將所有的事情都交給長輩。其實這是不對的，陪伴孩子成長是一件很複雜的事情，需要父母親力親為、忙裡偷閒擠出時間陪孩子學習，帶他們出去看世界、玩遊戲、享受親子時光，這樣孩子的幸福感會增強。

最後，注重孩子精神層面的健康成長，鍛鍊孩子的抗壓能力。

高敏感孩子接收的外界資訊會更多，他們會感到疲倦，心理壓力大，家長要多關注他們的情緒，引導他們克服負面情緒，鍛鍊孩子處理事情的能力。

讓孩子多做一些愉快的事情，凡事不要思考太多。對於孩子感興趣的事情，家長要多鼓勵和支持，為他們創造條件，讓他們擁有一個幸福而快樂的童年。

呵護與尊重的重要性是相同的

世界上每一個孩子都是浩瀚宇宙中的星星，是凡塵俗世中的一抹微光，可以照亮在打拚的道路上砥礪前行的父母。對於父母來說，孩子是最寶貴的存在，如果說一般的孩子是寶石，那麼高敏感的孩子就是水晶。相較於寶石，水晶的質地更脆弱，需要精心呵護。

高敏感的孩子容易內耗過多。他們善良，犯了錯會自我反省，父母吵架也會覺得是自己的原因；他們謹慎，思考問題會考慮很多方面，是選擇困難的代表，常常語出驚人，展示出自己獨特的想法；他們敏感，在意別人的評價和看法，一句不經意的話或一個隨意的表情都能讓他們反覆思索；他們的觀察力很敏銳，會發現媽媽的頭髮顏色變了、察覺到爸爸工作的壓力，媽媽不開心的時候也會最先送上擁抱。

高敏感的孩子其實很累，他們希望自己的心被人小心地呵護著、關懷著、理解著。他們更需要父母的細心照顧和陪伴。

朋友曉冬從童年開始就生活得小心謹慎。住在街角的奶奶總喜歡當著很多人的面評價他，說他太內向了，見到人都不說話，眼睛只會朝地上看。這些評價讓他感覺很苦惱，在夢裡也經常有人對他指指點點。為了躲避鄰居奶奶，他放棄捷徑，每天故意繞一大圈溜進家，這要浪費很多時間，但他覺得很好，因為不用再聽別人說他內向膽小了。

曉冬因為不愛說話，朋友也少，他媽媽認為男孩子這樣，長大進入社會會吃虧，於是想盡辦法訓練他，要他變得像鄰居家的孩子一樣活潑開朗。他覺得更不舒服了，爸爸媽媽經常讓他做自己不喜歡的事，強制他改變，他覺得孤單無助，覺得世界上沒有人理解他，甚至覺得爸爸媽媽不喜歡他。

他的很多行為不被人理解，甚至產生誤解，認為他不愛交際，不喜歡和朋友玩。其實他只是不喜歡和很多人一起玩，與其讓他去玩籃球，不如讓他靜靜地下棋。但從小到大，似乎沒有人真正關心過他，連父母都不在乎他心裡的想法，甚至忽視他的需求。

忽視和誤解的雪球越滾越大，曉冬也越來越敏感，他只有將自己的心包裹起來，進行自我保護。但只有他自己知道，他的心受傷了。

他的這種悲觀情緒一直延續到成年，直到有人告訴他，他的行為都是正常的，是一種高敏感特質，這個世界上每五個人裡就有一個和他相似。

曉冬說：「我好想抱抱童年的自己，告訴他不要覺得委屈，也不要害怕，這一切都是正常的。」

高敏感的孩子不被理解，他們的行為被曲解，甚至被要求強行改變，這種感覺很無助也很壓抑。雖然他們不是大眾預期的模樣，沒有按照一般人的軌跡成長，但他們也是孩子，他們的敏感和細膩也需要被大人細心呵護。

呵護並不等同於溺愛，錯誤的行為還是要被糾正的。比如一個高敏感的孩子不喜歡社交，一出去就哭，在學校也排斥集體活動。很多家長心疼孩子，孩子一哭就妥協，家長會說：「孩子不喜歡出去就不出去吧，在家裡玩也一樣。」敏感的孩子的確得到了呵護，但會造成「小霸王」的性格，孩子在家調皮，在外害羞。久而久之，他會更排斥社交，甚至出現社交恐懼症。

所以呵護也需要堅持適度原則，要適可而止。在呵護高敏感兒童的同時，也要注意不要將孩子的事全部包攬，這樣會進入另一個「媽寶」黑洞 —— 做事沒主見，一切聽媽媽的話。尊重孩子，培養他們獨立做事的能力，維護他們的自尊心，這些同等重要。

同事翠萍喜歡當眾教訓孩子，她認為只有這樣孩子才能記憶深刻，才會意識到自己錯了。有一次孩子考試沒考好，數學最後一道大題沒做，翠萍知道後，也不管身邊有多少人，在店裡就開始責罵孩子不努力，晚上學習到 12 點都是在做白工，是熬夜給她看的。孩子被罵時一言不發，全程低著頭，最後離開店裡時，我看到他的眼睛裡充滿痛恨，他避開所有人的目光，逃跑似的離開了。

翠萍的孩子平時就不愛說話，但很懂禮貌，跟不熟的人有些距離，但遇到有共同語言的人也很會聊天。他對聲音很敏感，甚至能聽到樓上鄰居的打呼聲，他怕好不容易入睡又被吵醒，所以才學習到很晚。在家裡，他幾乎沒有機會表達自己內心的想法，漸漸地就不願意說了。

高敏感的孩子往往會更注重自尊感，外界一點點不尊重的態度或行為他們都能感知到。

父母傷害孩子自尊的行為，孩子會記憶深刻，而且會記很久，高敏感的孩子還會產生自卑心理，甚至觸發內心的陰暗面，產生憎恨之意。他恨父母在大庭廣眾下的嚴厲責罵，恨那些圍觀看到他窘態的人，更恨他自己。

由此可見，維護一個高敏感孩子的自尊心是多麼重要。自尊心被傷害，會帶給孩子深遠的影響，會侵蝕一個健康孩子的內心，讓他們產生負面情緒，未來的發展也會受到影響。

那麼在日常的學習和生活中，家長和老師要如何去尊重孩子呢？

首先，責罵要避開眾人，維護孩子的自尊心；讚美要在公開場合，讓孩子感覺被重視。

責罵也要講究原則和分寸，適可而止，不要讓孩子失去面子。可以在家裡，家長和孩子面對面，引導孩子自己承認錯誤，說出自己心中所想。

盧梭認為，要尊重兒童，不要急於對他做出或好或壞的評判。

相信很多人都被「好心」的親戚關心或評價過：沒主動打招呼就說孩子沒禮貌、膽子小，其實可能是孩子近視眼根本沒看到；內向害羞就說這孩子真沒出息，一點都不活潑；心思細膩、想事情多，就認為孩子優柔寡斷，敏感脆弱。

不要輕易評價任何一個孩子，他們可能會因為你的一句話而睡不著覺。你無意的一句評價很可能會傷及高敏感孩子的自尊心。

其次，將孩子當作家庭的重要一員，保留並尊重他們的話語權。在溝通和交流時，大人與孩子的地位是平等的。

家庭會議也要讓孩子參加，讓他們知道自己被重視被尊重。如果大人犯了錯，孩子也可以指出大人做得不正確的地方。

再次，適應孩子做事的節奏，當孩子做事猶豫時不要著急催促，引導孩子說出做事緩慢的原因，給孩子一些意見，幫助他們改進。

最後，尊重孩子的高敏感行為，幫助他們提高自我認知，不敷衍、不強求，順其自然，在適當的時候進行介入和引導。

著名教育學家贊科夫曾經說過：「當教師把每一個學生都理解為他是一個具有個人特點的、具有自己的志向、自己的智慧和性格結構的人的時候，這樣的理解才能有助於教師去熱愛兒童和尊重兒童。」

要把高敏感孩子當作是一個有特長的人，著重培養他們所擅長的，適度糾正會使他們不舒服的。

從心底接受你和孩子是平等的，擁有同樣的權利，了解並尊重他們的行為。

愛孩子，就從呵護和尊重開始吧！

針對性地引導孩子提高專注力

愛因斯坦（Einstein）曾說過這樣一句話：「興趣和愛好是最好的老師。」當孩子對某些事物產生興趣時，任何人都不能阻擋他們的專注力。用合適的方法讓孩子產生興趣，引導他們做喜歡的事，專注力也能夠被很好地培養。

高敏感的孩子容易被外界的事物影響心情，如果他們專注於眼前的一切，忽略外界的聲音，那麼負面情緒的侵襲也會減少許多。當然，這並不是讓孩子沉浸在自己的世界裡，只是幫助他們培養一種過濾掉負面消息的意識。

在生活中，高敏感的孩子本身就具有較長時間的專注力，他們的專注力大多在一些細枝末節上，會注意到別人看不到的地方，常常糾結一些看似很小的事情。

芳芳就是這樣一個孩子，她是家裡的「挑剔大王」，會觀察到媽媽注意不到的細節，在媽媽掃地時會指出哪裡還不乾淨，需要再擦一遍，不然會有細菌；會第一時間注意到媽媽的髮型變了，爸爸該剪指甲了，想要一刻的拖延都不行；能聽到細微的聲音，她睡覺時，家裡不能有任何尖銳的聲音，爸爸偶爾咳嗽一聲都會吵醒她，隨後大哭不止，奶奶做飯更是輕拿輕放，連切馬鈴薯絲都不敢太用力；能聞到細微的異味，廁所有味道就不進去，直到忍不住尿了褲子，哭著要求媽媽幫她換衣服；

爸爸沒洗澡就不能抱她，媽媽換了化妝品，她能馬上聞出來；衣服不可以有皺褶，要很平整，否則就會哭鬧。

這一系列的情形光是描述出來就已經很累，想必在實際生活中更是讓大人苦不堪言。芳芳是一個敏感的孩子，觀察力很強，她將精神專注在家中的細節上，到了幼稚園也是如此，常被老師抱怨「太敏感」。

相信了解高敏感特性的人會理解芳芳的行為，對細節的觀察能力是與生俱來的，雖然這些行為可以被理解，但在生活中難免會有些不便。在學校，同學和老師不會一直照顧高敏感孩子的「敏感行為」，因為這需要耗費太多心神。然而又不能一味地壓制孩子對細節的觀察和專注，這會讓他們產生一種誤解，認為自己的這些敏感行為是不對的，越不讓他們注意這些細節，他們就會越壓抑。假設芳芳的敏感行為一直延續到長大成人，到了談婚論嫁時，好一點，找到一個與她同頻的人，像父母一樣包容她的這些小敏感，她也能生活如意。倘若沒有找到呢？她的婚姻會幸福嗎？也許也會，但她要付出很大的努力和代價，有可能要壓抑自己的天性，忍住負面情緒去順從對方。

朋友小 C 就是一個對聲音很敏感的人，整個孕期都沒有睡過一個安穩的覺。她的睡眠問題不是因為胎兒，而是因為「聲音」。她入睡困難，有一點細微的聲音都不行，入睡後又容易被驚醒，之後就再也無法睡著。入睡前她需要忍受隔壁老人的打呼聲和說話聲，雖然門是關上的，說話聲也很輕，但她依舊能聽到。半夜她會被咳嗽聲吵醒，之後從凌晨三點一直清醒到天亮。

聲音，只要不是獨居，家庭生活中或多或少都會有。小 C 被聲音的問題困擾了很久，從記事開始就存在了，被吵醒後，她的關注點會一直放在聲音上，越專注就越難入睡。

由此可見，家長要適當地規範孩子的敏感行為。不是阻止觀察力的發展，而是要將他們的視線轉移。

很多高敏感的孩子在玩鬧一天後，到了晚上仍然很興奮，要他們入睡是很困難的，他們把注意力都集中在白天發生過的事情上，越想越有精神，怎麼可能輕易入睡呢？其實這也是高敏感特質的表現，叫過度接受刺激。如果一直延續到成年，就會演變成這樣一種情形，只要心中有事或者第二天要做一件重要的事就會緊張，會不自覺地去想。

一個高敏感的女人會因為第二天早上四點要蒸饅頭而起床三次。半夜一點不自覺醒來，心中有些憂慮，怕起晚了耽誤了發麵。想著想著不知何時做了個夢，夢到自己正在和麵，結果水放多了，又加了點麵粉，麵粉多了，又去加水。夢不知何時醒了，她發現自己睡著了，看了一下錶，怎麼才三點十分。她躺在床上聽著丈夫的打呼聲，再也睡不著，一會兒看一下錶。她感覺過了很長時間，但其實只有五分鐘，她開始焦慮不安，抱怨為什麼還沒有到四點。四點了，她很高興地起床，終於不用如此焦灼地等待了，那真是太難受了。

大家可能對這個案例持有懷疑心態，會有這麼傻的女人嗎？

有的，這個女人不是傻，她只是有高敏感特質，我很心疼她。她把專注力全部放在了「蒸饅頭」上，在腦海裡將蒸饅頭的每一個步驟都演練了一遍，而且考慮到了所有的細節。

因為專注，將細節控制得太完美，所以才會累及心神。

高敏感的孩子也是如此，姪女會因為第二天要演講而早早醒來，接著躺在床上等待天亮，這與前文那位要蒸饅頭的女人有異曲同工之妙。這些行為已經影響了他們的正常生活，敏銳的觀察力和長時間的專注力已經是一種困擾了。

高敏感的孩子天生具有很強的觀察力，他們對客觀事物的感知比一般人更快。但如果將觀察的重點落在細節上，就會給人一種「挑剔」或「敏感」的感覺，當這樣的觀察力影響到日常生活，就會變成一種負擔。

那麼我們要如何去緩解這種行為呢？如何才能有效發揮敏感孩子的專注力呢？

首先，善用注意力轉移法，必要時可以用萬能的系統脫敏法。

前文中的芳芳媽媽就用了系統脫敏法來引導孩子。先讓孩子把專注力轉移到別的地方，不再去想眼前的「問題」，循序漸進地將孩子置身於她覺得恐懼的事情裡，比如她覺得廁所有異味，不願意進去，那就告訴她這沒什麼，進去了也不會出現她害怕的東西，並和孩子一起走進去，進一步讓她適應和接受。

逐漸淡化她所感覺到的細節，忽略當前的感受，讓孩子將事情看作是尋常，孩子就不會過分糾結了。

對聲音敏感的孩子在出生時就已經表現出來，這也是為什麼育兒專家會要求媽媽在嬰兒睡著時播放「噪音」。當嬰兒熟睡時，家裡不可以太過安靜，大人也沒必要做什麼都輕手輕腳，要像尋常一樣做事情，甚至故意製造噪音來當孩子睡覺時的背景音樂，這樣孩子就不會對突如其來的聲音敏感了，睡眠效果也會更好。

其次，用興趣和愛好將孩子的專注力引導到適合的方向。

在這裡，我們不是否定高敏感孩子的觀察力和專注力，只是引導他們不要太在乎那些會影響他們正常生活的「小敏感」。比如專注於細微的聲音、氣味，專注於某件會影響情緒的事情。當他們過度專注時，可以嘗試將專注力轉移到能激起他們興趣的事情上。

比如入睡前過度思考，將專注力放在白天玩的遊戲上，久久不能平復。那麼就要引導孩子看淡已經發生的，躺在床上什麼都不去想。家長可以講他們最感興趣的故事給孩子聽，放最喜歡的音樂給他們聽，讓孩子把注意力轉移到故事或音樂上，這樣就可以輕鬆入睡了。

最後，家長要多鼓勵，增強孩子的自信心，同時也要接受孩子的平凡，著眼於當下，不追求高標準，適合孩子的就是好的。

高敏感的孩子往往對自己要求很高，更富有責任感。做一件事情前會深思熟慮，想要完成得很好，甚至追求完美。這樣無疑會替他們增添許多壓力，越想做好，就越會付出更多的專注力。這個時候就需要家長給孩子一個相對寬鬆和自由的環境，不要給他們太多的壓力。不去要求孩子做到最好，只需要用一顆平常心面對就可以。

敏感的孩子需要將他們的專注力著眼於當下，找到最適合自己的方式去生活，不必追求極致。

第五章

幫助孩子擁抱自己的敏感

教會孩子說「不」

「我兒子最近總是要我買鉛筆，明明前兩天剛買了二十支，沒到一週又跟我要，我一問才知道，這孩子把筆都借給同學了，他還不願意不借，說是怕同學沒筆用著急。同學是有鉛筆了，他自己卻常常搞得沒有筆用。」

「小楠的同學經常找她幫忙記作業，她每次都不會拒絕，因為她覺得同學寫字慢，怕她抄不完。她倒挺為同學著想，但代價就是自己沒時間再抄一遍，最後還需要我問老師當天的作業內容。」

「從小我就不會拒絕別人，太會為別人著想，怕他們被拒絕後傷心。考試後我還拒絕不了親戚們帶孩子上我家補課，我怕爸媽為難，害怕他們生氣。結果導致自己身體累，心更累。」

「我太累了，明明不喜歡的事情，但做了我媽就會高興，拒絕她就會生氣。所以我到現在都很會看別人的眼色，不會拒絕人。」

「我是父母和親戚眼中的好孩子，心很軟從來不拒絕別人，但我一直很累，最怕過年時表演節目，因為不敢說不，只能一直忍著，太難受了，有點討厭自己。」

高敏感兒童心思敏感，共情能力強，他們不太懂得如何拒絕別人，認為這是一件很難的事情。

高敏感兒童不會拒絕別人的原因大致有三種。

第一，怕別人被拒絕後傷心和難過。他們會預見到這種悲傷，會產生感同身受的感覺，因此不忍拒絕。

第二，他們怕父母生氣，怕大人覺得自己不乖，屬於不敢拒絕。

第三，他們不會拒絕，也從來沒有說過「不」。家長教育他們助人為樂是美德，他們沒有說不的理由。由此觀之，不會說「不」的高敏感孩子內心是很糾結的，他們會感覺很累。

就算偶爾成功拒絕了別人一次，也會因為冥思苦想拒絕的理由而花費大量的精力，這往往也會讓他們感到筋疲力盡。

小 L 最近接到一通來自老家的電話，是許久沒聯絡的表哥，說表嫂的公司要每人交一首詩，要她幫忙寫一首，不限題材字數，第二天就要交。或許在親戚眼裡，小 L 是出過書的作家，寫一首詩應該是舉手之勞，找她寫是給她面子，她還有理由拒絕？

可小 L 只想仰天長嘯，奈何又不敢拒絕，事實上從小到大她都不會拒絕別人。五歲時表妹喜歡她最心愛的玩具，臨走時要裝到包裡帶走，小 L 的爸爸大手一揮說，既然孩子喜歡就拿去吧。她心裡苦，想拒絕卻不敢開口。考試結束後她幫國中生補習英語，一小時收費五百，舅爺家四姑的女兒也要來補習，卻絕口不提學費。她不敢說不，因為這也是她爸答應的，如果拒絕，父親的臉色就會很難看。她最不喜歡過年，因為在除夕家宴上需要發言，表達節日的喜悅和對長輩的祝福。小 L 是家裡老大，每次都被要求最先發言，說是要替弟弟妹妹們樹立一個好榜樣。她討厭這種被逼迫的感覺，每次除夕前都睡不好，一直到家宴前都魂不守舍，整天覺得胸口像是被壓了塊石頭，沉重得透不過氣來。察言觀色、體會父母的心情，小 L 從小就做得很好，因為一旦說不，她的父母就會不開心，甚至會罵她不懂事。

從小 L 的事例我們可以看出，她不會拒絕別人相當程度上是受到了父親的影響。她的父親沒有將孩子認定為獨立的個體，沒有尊重孩子的想法，她完全成了大人的附屬品。而且不會在孩子面前掌控自己的情緒，讓孩子產生了恐懼心理。家長的威懾讓小 L 不敢拒絕。

孩子從小沒有學會如何說不，未來的成長也會受到影響。進入社會後，若在生活和職場中也不會拒絕他人，久而久之他們會產生巨大的心理壓力。

長大後的小 L 依舊不會拒絕別人，所以她要先幫親戚寫好那首詩，再熬夜做完自己當天的任務。

高敏感的孩子在面對面交流時更難說不，習慣以沉默表示拒絕，但結果往往會讓他人得逞。玩具被拿走、喜歡的食物被搶走、像小丑一樣在家庭聚會時被人捉弄。

面對不合理的要求，他們雖然感到不舒服，卻不敢開口，只會默默地接受，長此以往更加不知道如何拒絕。

那麼，我們要怎麼教孩子說不呢？

首先，家長要尊重孩子的選擇，給孩子「說不」的機會，拒絕做「一刀切」式的父母。

「一刀切」式的父母把孩子當成自己的附屬品，想要孩子按照他們設定的方式做事，不給孩子反駁的機會。這種方法會讓敏感的孩子壓抑自己的情緒，有些家長甚至會透過打罵的方式讓孩子屈服，孩子在這種情況下是不敢說不的。

要想改變「一刀切」式的家庭氛圍，父母就要改變思維模式，尊重孩子，給孩子說話的機會，鼓勵他們將內心的想法表達出來。

其次，告訴孩子遇到不合理的要求時，要學會巧妙應對、大膽說不，努力做一個獨立思考、有主見的孩子。

讓孩子知道拒絕別人是對自己負責的表現。如果別人的請求讓自己不舒服，或是違背了道德和規則，比如一起逃課去網咖、欺負同學、跟老師撒謊等，那麼就要勇敢地開口說不。

要培養孩子獨立思考的能力，不在家長的陪同下拒絕他人。只要對方提出的要求不合理，那麼孩子就有權利說不。

再次，教孩子拒絕的技巧，但也要避免孩子進入「拒絕慣性」—— 只要不喜歡就說不。

可以讓孩子推遲做出決定，委婉地拒絕。讓孩子說出真實的理由，誠心的拒絕會讓彼此都很舒服。教孩子學會分享和拒絕，自己的玩具主動拿給朋友或親戚玩，是分享。朋友和親戚想要強硬地拿走，首先要經過自己的允許，如果自己不同意，那麼就可以明確地拒絕。

同時家長也要警惕孩子習慣性說不。如果家長讓孩子去寫作業，這個時候孩子也說不，就是無理取鬧了。

最後，讓孩子學會說不的同時，也要坦然面對他人的拒絕。

高敏感的孩子心思細膩，考慮事情比較全面，怕拒絕別人後會失去這個朋友。此時需要告訴他，如果這個朋友因為一次拒絕而離開，那麼他就不值得繼續交往。朋友之間應該真心相處，不能有討好別人的心理。

要讓孩子知道拒絕和被拒絕是很平常的事情，不要把這件事看得很重。拒絕別人後不要胡思亂想、陷入思慮過度的痛苦中，也不要猜測別人會怎麼想，一切照舊即可。如果控制不住，就找些事做來轉移注意力。

現在就教會高敏感孩子說不的技巧，讓他們的心輕鬆一些吧！

不完美才是真的完美

鄰居的孩子楠楠從學校回來後很不開心，詢問之下才知道，老師讓她收同學們的英語作業，可是有一個調皮的小男孩非但不交，還來搗亂，搶她的作業，說要借來抄。一番搶奪後，她收上來的作業被弄得一團糟。

楠楠說，那些作業是她按照同學們的學號，一本一本排好順序整齊擺放的。她非常認真，每一本都檢查之後整整齊齊地擺在桌子上，就差男孩的一本就可以完美地交給老師了。

鄰居對於楠楠心思細膩、做事認真很是讚賞，但楠楠有時太過注重別人的看法，過分追求完美。鄰居安慰了女兒，而且跟她做了一次深入的交流。

透過這件事，鄰居找到機會告訴女兒做任何事都是會遇到阻力的。收作業可能遇到不配合的男同學，做其他事也可能會有不如意的情況，這些都是她眼中的不完美。生活和學習中存在著很多不完美的事，要把這些不完美看成是平常事，以平常心對待。高敏感兒童的責任心很強，他們對家長或老師交代的事情很重視，會認真去做，這是他們的優點。但他們常常會過度追求完美，很容易陷入完美主義的謬誤。

心理學家大衛．伯恩斯（David D. Burns）認為，完美主義是追求一種非理性的遠大目標，完美主義者會竭盡全力追求不可能實現的目標，而且會以生產力和成就來衡量自己的價值。

在古代，完美主義彷彿書中記載的〈桃花源記〉，是人們難以實現的目標和理想。

對於高敏感孩子來說，做事認真負責會消耗他們大量的精力、花費更多的時間去思考。他們往往很看重結果，有時忽視了過程。要告訴孩子追求目標的過程也值得享受其中，無論結果如何都不應該影響自己的心情。

高敏感孩子過分追求完美會產生什麼結果呢？

讓我們先從下面幾個例項中看看他們的具體表現吧。

在他們眼裡，餅乾就應該是圓圓的，如果把餅乾掰碎了，孩子會覺得餅乾不完整，甚至不願再吃了。

寫作業時按順序做題，有一道題很難，已經用了一個小時還沒完成，繼續寫也不能確定還要花費多少時間，但他們不會選擇先做下一題，跳過去就不完美了。

體育考試所有項目都要通過，為此增加時間去練習，結果因為夥伴的失誤導致自己不及格，崩潰大哭。

老師要孩子當班長，由於孩子太追求完美，耗費在班級管理上的精力過多，導致自己筋疲力盡，晚上睡不好，偶爾還會失眠。

學習小組的成員學習成績都很好，身為組長的孩子太過認真，有同學成績下滑，他就很著急地想讓同學的成績提上去。

完美本身是沒有問題的，過度追求就會出現問題了。高敏感孩子會將那些不完美的存在看成是急待解決的問題，會消耗大量精力去處理，讓自己的心情受到影響，出現焦慮、煩躁、不安、憂心等情緒問題。此外，他們會對自己不滿意，認為自己能做得更好，甚至會苛待自己。他們還有可能將這種苛待加在別人的身上，這不利於人際交往，會讓同學或朋友感到壓力很大，想要遠離他。

敏感的孩子認真起來會產生很大的能量，他們會糾結自己的想法和行為，主動制定規則去遵守。但這當中的程度如果沒有掌握好，就容易陷入完美主義的狀態，因此家長需要及時介入，用恰當的方法來引導，告訴他們認真即可，不要追求百分百的結果。

思思要參加學校的演講比賽，她做了很多準備，演講稿背得很熟，而且在家裡演練了很多遍。但在比賽當天馬上輪到她上臺時，她卻退出了。回到家中，思思媽媽問思思為什麼放棄，思思說，比賽前她發現自己很緊張，連演講稿的第一段寫什麼內容都忘記了，大腦一片空白，她怕分數不高得不了第一名，所以放棄了。

很多追求完美的人認為，如果不是 100，那麼就是 0，沒有中間值。

思思就是這樣認為的，得不到第一名，她就放棄了這次演講比賽。思思的媽媽告訴她：「我們參加比賽並不只是為了拿名次，參與其中的過程也是很值得紀念的。如果沒有比賽就放棄，那之前的努力就白費了。」

金無足赤，人無完人。不完美，才會有進步的動力和空間。告訴孩子不完美才是真的完美，人生要留有餘地才更有魅力。

就像李歐納．柯恩（Leonard Cohen）的〈頌歌〉，這首歌中有一句歌詞是這樣的：「There is a crack in everything，that's how the light gets in.」翻譯過來就是：「萬物皆有裂痕，那是光照進

來的地方。」

所有事物都不完美，世事也不都順心如意。那些不完美、缺陷和挫折留下了裂痕，當太陽升起，溫暖的光才會照射進去。要讓高敏感的孩子知道，挫折和失敗是人生道路上必然會遇到的，只有跨過那些坎坷，幸福的光才會如期而至。

哈佛大學心理學博士泰勒·本·沙哈爾（Tal Ben-Shahar）開設的「幸福課」風靡全校，很受學生歡迎。他認為，幸福感是衡量人生的唯一標準，是所有目標的最終目標。

沙哈爾博士曾說過一句話：「允許自己成為人。」這裡的「人」是指具有七情六欲的人。他也曾陷入過完美主義的漩渦中，後來透過正向心理學調整自己的情緒，知道了或許生活的本質就是不完美。

看淡一切，讓自己歸於平凡，不苛求完美，只追求幸福。家長要告訴高敏感兒童，完美只是相對的狀態，不完美才是生活的常態，要正確對待生活中的缺陷，了解自己的真實情況，讓自己緊張而敏感的心輕鬆一些。

國學大師季先生也曾說過：「不完美才是人生。」

孩子的人生才剛剛開始，真正的美好在於對幸福的追求。幸福和快樂永遠是孩子努力的目標。

孩子爲什麼會討好他人

鄰居家的孩子小瑜很聽話懂事，在幼稚園是個愛幫助別人的孩子，只要自己能做的事，絕對不麻煩其他小朋友或老師，還經常把自己的水果分給其他小朋友吃。

眾人都覺得小瑜很懂事，但小瑜似乎很累，也經常苦惱。她曾經對母親說：「再幫我多帶些水果，如果我不分給他們吃，他們就不和我玩了。」

這個時候家長就需要警惕了，孩子可能出現了討好型人格。她表現出的乖巧和懂事，實際是在討好身邊的人。

討好型人格的人，他們會一味地討好他人而忽略自己的感受。不懂得拒絕別人，會為了實現某種需求委屈自己真實的想法，甚至還會做一些違心的事。

高敏感兒童擁有討好型人格，一部分是受父母的影響。父母因為忙碌等理由忽視了孩子，沒有給他們足夠的關注。而孩子渴望得到愛和關懷，所以變得很懂事，想要藉此去討好父母。外界的評價也會造成他們的困擾。為了達到能獲得父母或老師喜愛的標準，他們會努力將自己變成別人眼中的優秀孩子，這也是在討好他人。同樣，父母的討好行為也會對孩子產生影響。比如父母在面對主管時卑躬屈膝、諂媚討好，主管走了之後馬上變換態度，孩子就會模仿。

另一部分來自他們的高敏感特質。比起一般的孩子，外界產生的情緒對他們的影響會更深。他們大多內向、不愛主動交際、缺乏安全感，甚至有自卑心理，他們為了獲得安全感而去討好身邊的人，可能是父母、朋友、老師，長大後也同樣會討好伴侶。

日本電影《被嫌棄的松子的一生》中的女主角松子就是一個具有討好型人格的人。她的討好行為是從童年開始的，一直延續到長大成人。為了得到父親的關注和認可，她可以做鬼臉，以一個小丑的姿態出現在父親面前。成為老師後，為了保護偷錢的學生，謊稱是自己偷的。被學校辭退後離家出走，過著顛沛流離的生活。在一次次的傷害中討好伴侶，寧願被家暴也不願意被伴侶拋棄。她太渴望得到關注和愛了。

松子的這種討好型人格是怎麼產生的呢？我們追溯到她的童年，還原一下她的原生家庭。松子有個長年病榻纏綿的妹妹，獲得了家庭成員全部的愛和關注，父親會買禮物給妹妹，對妹妹笑，跟她說話，對她關懷備至。但是松子從來沒收到過禮物，父親在看她時總是板著臉，沒有笑容。直到有一天，父親帶松子去遊樂場，有個小丑做了個鬼臉，父親笑得很開懷，松子也學著做了一下，父親笑得更開心了。為了得到父親的關注，讓父親展露笑容，她學會了做鬼臉去討好他。

家人對松子的態度冷淡，在長期缺愛的環境下，她極度缺乏安全感，渴望得到別人的關心和愛，所以逐漸萌生了討好他人的想法。父親會被鬼臉逗笑，她就做鬼臉討好父親。她被作家丈夫家暴，就算被打得鼻青臉腫也依然笑臉相迎。她一直在討好他人，卻一直在受傷害，她沒有安全感，自卑、缺愛。

童年時期的傷痛和陰影得不到解決就會一直延續下去，造成未來的困擾，產生持續性的傷害。這種討好別人的習慣和意識需要被及時糾正，尤其是高敏感兒童的家長更應該預防這種問題。

高敏感兒童在生活和學習中更容易受到他人的影響，懂得對父母察言觀色。如果外界環境不改變，父母有意讓高敏感的孩子去做一些他們不喜歡的事，用迎合他人的方式去生活，那麼高敏感兒童就會產生一種「虛假自我」，在討好他人的過程中失去自我。

什麼是「虛假自我」呢？

「虛假自我」由英國精神分析學家唐納德．威尼科特（Donald Winnicott）提出，他在《家是我們開始的地方》這本書中闡述了虛假自我的概念，他認為虛假自我來源於生命初期的母嬰關係。

威尼科特覺得稱職的母親應該用「足夠好」來形容，不是「好」的，也不是「完美」的，而是「足夠好」。在嬰兒需要母親時，母親就需要及時給予關懷，把嬰兒抱在懷裡或者親吻他們。母親對嬰兒的愛就像一面生動的鏡子，讓孩子有安全感和幸福感，這樣孩子才會在被愛中逐漸產生自我，更快地適應陌生的世界。

足夠好的母親可以滿足嬰兒的任何需求。當嬰兒餓了，母親會餵飽他；當嬰兒產生需求，母親就讓他抱著，嬰兒的生理需求得到滿足，漸漸就會培養出真實自體。不夠好的母親在面對嬰兒發出「我餓了」的訊號時，無法立刻滿足，而是要等她準備好了再去餵。母親會透過自己的表情和動作，把暫時不能餵養的意思傳達給嬰兒，嬰兒會本能地順從，這種順從在一定意義上就是嬰兒早期的「虛假自我」。

有的孩子喜歡畫畫，可母親非要讓他學樂器，孩子為了讓母親高興而做出妥協，這就形成了「虛假自我」。當孩子受到傷害或驚嚇需要抱抱時，母親表示很忙，暫時不能抱，你要乖一點等母親忙完。孩子為了得到母親的關心和擁抱，會變得乖巧聽話，同樣也會形成「虛假自我」。

在「虛假自我」形成的過程中，孩子會順從、會討好、會壓抑真實的自我，將塑造的「虛假自我」表現出來，以達成自己的需求。

這個過程僅僅用文字描述就已經讓人很悲傷，實際上當孩子去討好他人時，他有多麼難過呢？他所表現出來的乖巧和懂事，或許都摻雜著傷心和壓抑的成分。

松子真的喜歡做鬼臉嗎？她只是想讓父親笑一笑，將目光停留在自己身上。她真的不討厭被家暴嗎？不過是想得到伴侶的陪伴和愛。

所以當孩子出現討好他人的行為時，父母一定要及時介入，給他們多一些愛和關懷。

要鼓勵孩子做自己，不要因為任何事情去討好別人，包括父母。如果父母提出不合理的要求，也要鼓勵孩子說出自己的想法，不要壓抑自己。

提供敏感的孩子恰到好處的呵護，該關愛時絕不猶豫，在他們需要時給予陪伴和關懷，不要讓孩子看著父母的臉色行事，也不要讓孩子順從和討好他人。給敏感的孩子一些自由的空間，讓他們遠離「虛假自我」，跳出討好的惡性循環。

降低標準，獲得幸福和快樂

從孩子進入學校開始，人們就喜歡用既定標準去衡量他們的成長，用分數和年級排名將孩子劃分開。分數高、排名靠前的孩子學習成績好，是人們認定的好學生，更受老師和家長的青睞。那麼在高敏感孩子當中也會有一個既定標準嗎？也就是說，對於高敏感特質是天賦這一點，有什麼評判準則嗎？

高敏感的孩子該如何面對自己的小敏感，要轉化到什麼程度才能得到別人的認可呢？很多家長會有這樣的疑問。

其實我們不需要用既定的標準去衡量，也完全沒有必要獲得別人的認可，因為高敏感特質就是孩子的特殊品格。如果敏感的部分影響了孩子正常的生活和學習，那麼我們要引導孩子正確地對待，而只有孩子覺得合適的、有助他們成長的才是正確的。

如果一個高敏感的孩子對人際交往存在恐懼感，害怕與人相處，不敢說話，讓大家覺得他不合群，這種敏感影響了孩子的正常生活，那麼我們就需要改變這種狀況，由家長進行介入。我們知道，人際交往能力強的孩子大多活潑開朗，樂觀向上，情商高，能言善辯，在孩子們當中很受歡迎，老師和同學對他們的評價也都很好。而高敏感的孩子則需要透過引導，克服恐懼與人相處的心理，逐漸轉變為願意走出去交朋友。高敏感的孩子也是可以在他們喜歡的領域進行正常交流的，他們並不是排斥社會活動。開始有了轉變之後，再引導他們更上一層樓，嘗試步入人際交往能力強的孩子的陣營。如果高敏感孩子覺得很吃力、壓力很大，則可以先停留在這個層面。

也就是說，若高敏感的孩子不排斥參加社會活動，我們用 good 去評價；當他們在熟悉的領域可以很好地社交，和小朋友一起玩，我們可以用 better 去形容。能從 good 到 better 就已經很好，這個 better 的狀態讓高敏感的孩子覺得舒服，是他們的安全社交範圍。如果他們在這個狀態中獲得了友誼，沒有讓敏感影響生活，那麼就沒有必要一味追求達成高標準 —— 社交能力強、善於人際交往的狀態。

對於高敏感孩子來說 better 就很好，沒有必要追求更高標準的 best。降低標準會讓他們離幸福和快樂更近。

小妤的高敏感特性從小就帶給她很大的負擔，她和許多高敏感的成年人一樣，現在還在為自己的高敏感行為所困擾，依舊有人替她貼上「敏感」和「玻璃心」的標籤。高敏感特質與生俱來，優點和缺點在孩子身上都表現得很明顯，如果在兒童時期就糾正那些偏向缺點方向的敏感特性，那麼他們是不是就不會一直到成年都被高敏感特性所困擾了？

艾倫博士不止一次提到過這一點：孩子的問題應該在孩子時期解決，越早越好，不要將問題拖延到成年，那會增大解決的難度。

小妤從小就因為感官上的敏感而被媽媽說是「難養」，經常因為小事哭鬧，讓媽媽心力交瘁。上學後她變得更敏感內向，會因為小事難過，會看別人的臉色。父母對她的關心和教育不夠，只是一味地要求她別人家的孩子怎麼做，她就應該怎麼做。這讓她感覺壓力很大，透不過氣。這種情況到了成年也沒有好轉，她更加謹小慎微，對周圍的人很好，從不拒絕別人。高敏感特性十足的小妤就在被人忽視的環境中成長起來，直到她接觸了高敏感心理學，知道了她的那些小敏感都是可以轉化的天賦之後，她才釋然，終於可以放下那些世間所謂的優秀準則。現在的小妤雖然依舊敏感，但她可以獲得許多快樂，別人都想達到優秀，她只要及格就很幸福了。

如果將敏感特質轉化為天賦也分為優秀、良好、及格的話，那麼作為家長的我們希望孩子達到什麼標準呢？高敏感孩子本身又想要選擇什麼標準呢？毫無疑問，選擇及格的孩子或許會更幸福。

知足常樂，就是這個道理。

幸福就是獲取快樂。高敏感孩子的幸福閾值不用很高，也沒有既定標準，讓自己舒服、恰到好處即可。

孩子獲得的快樂和幸福往往很簡單。小朋友給的一塊糖、媽媽送的生日禮物、和爸爸一起玩遊戲、考試成績進步了、新學會一個單字、老師的一句鼓勵……這些簡單的快樂構築了孩子的童年時光。純真無邪是生命最蓬勃的姿態。

高敏感孩子的快樂也許會更容易獲得。老師一個鼓勵的眼神落在身上，他就會因為老師的鼓勵而信心滿滿，快樂一整天。心理學家認為，高敏感的孩子也很容易被正面情緒影響，正面的情緒能帶動他們自我激勵和成長。

有的孩子考試成績及格就很快樂，有的孩子考了滿分也不開心。這兩種孩子誰更容易獲得快樂和幸福呢？很多事情往往過猶不及，我們不妨適當地降低標準，不去追求完美，讓孩子感到「剛剛好」，成就孩子的快樂和幸福。

因為與眾不同，高敏感的孩子會受到更多的關注和評價，家長也致力於將影響正常生活的敏感部分糾正或刪除掉。他們會高標準、嚴格要求，喊著「一切都是為了孩子好」的口號。但是為了孩子好，也要徵求孩子的意見，傾聽他們內心的聲音，家長要尊重孩子的選擇，認真對待孩子提出的意見。畢竟，幸福和快樂是由孩子們親自感受的，家長的共情能力再強，也不能代替孩子去感受。

有些家長認為敏感的孩子就應該改掉猶豫拖延的缺點，卻忽視了孩子細心認真的一面。就像朋友家的孩子芊芊，在面對選擇需要她做決定時會思考很久，給人一種猶豫不決的感覺，在別人很著急時，她依舊我行我素，也不開口解釋，讓別人產生很深的誤解，認為她沒禮貌。而她的媽媽認為孩子只有做事乾脆俐落才能得到別人的認可，於是一直訓練她，結果反而造成她很多壓力，讓她很反感。

老師知道了這件事，跟芊芊溝通了很久。讓芊芊試著把自己的想法說出來，告訴身邊的人：「別急，我只是在思考這件事，請再給我一些時間。」簡單的一句話就能消除誤會，也不再讓人覺得她不懂禮貌了。

老師也對芊芊的媽媽說，芊芊現在很開心，她終於不再被人誤解了。這對孩子來說就是剛剛好的幸福，沒有必要給孩子太多的壓力，或是一定要他們達到某一目標，只要孩子進步了就很好。

讓高敏感的孩子拓寬自己的幸福閾值，不被高標準的框架所束縛，讓他們保留一定的小敏感，不必追求完美，只要盡力做好當下的事就能獲得簡單的幸福和快樂。

拒絕做「別人家的孩子」

「看你表姐，從小就懂事聽話，多討親戚們喜歡，你怎麼不像她一樣呢？」

「我公司同事家的孩子真是優秀，謝師宴時在臺上講的那段話真是太棒了，聲音洪亮，氣質不凡，真是個好孩子。」

「鄰居家的孩子真優秀，學習成績好，性格也好，活潑開朗，喜歡說話，可懂禮貌了。」

「朋友的女兒在英語競賽中獲得了第二名，你怎麼連英語單字都沒背好呢！跟別人家的孩子多學學。」

「別人家的孩子」，這幾個字的出現頻率可謂相當高，家長們樂此不疲地用「別人家的孩子」教育自己家的孩子，以為這個方法能解決很多問題，但結果卻適得其反。孩子都很反感父母拿自己與別人相比，甚至會增加問題解決的難度。

社群網站上曾經有一個熱門話題，講述的就是「別人家的孩子」，在網路上一度引起共鳴。貼文上寫道：「從小我就有個宿敵叫『別人家的孩子』。這個孩子從來不玩遊戲，不上網聊天，不喜歡逛街，天天就知道學習，長得好看，聽話又溫順，回回考試年級第一……」

諸如此類的話相信大家都耳熟能詳。父母經常會盛讚別人家的孩子，順便還表達了一種期盼：如果我的孩子也像別人家的孩子一樣就好了。用一句話來總結就是「別人家的孩子是個寶，自己家的孩子像根草」。

有人指出，經常在孩子面前提起「別人家的孩子」是在傷害孩子的自尊心，會讓他們傷心難過。但不少家長會說：「不，這其實是一種鼓勵，是要孩子向『別人家的孩子』學習，以他們為榜樣。這是愛孩子的表現，是一種變相的激勵。」

然而結果卻不遂人願。家長到最後都會很失望，孩子和他們越來越不親，甚至有些反感，不想和他們交流溝通。高敏感孩子的反應會更明顯，還可能引起深度的情緒問題。

親戚家的表嫂就喜歡用「別人家的孩子」來激勵自己的兒子，她認為自己做得很成功，孩子的學習成績不斷提高，名次也在進步，她經常在家族群裡炫耀自己的育兒經，分享成功的喜悅。可是在孩子國三時，她突然在群裡銷聲匿跡了，從前的活躍分子竟然安靜起來，再也不發言了。後來我們從表哥的描述中得知，原來表嫂的教育方式出現了巨大的問題，她與兒子的關係越來越惡化。讓我們一起看看這個案例，分析一下「別人家的孩子」到底會帶給高敏感兒童什麼影響。

表嫂的兒子升國三時成績名列前茅，說是其他家長口中的「別人家的孩子」也不為過。但表嫂不滿意，經常拿年級第一來和兒子比較，以此來鼓勵兒子百尺竿頭，更進一步。不僅如此，她還要求兒子克服內心的敏感，不要悲天憫人，要和外向的孩子一樣活潑開朗，德智體群美全方位地發展，這樣等將來進入社會才更有競爭力。她將一切都安排好，按照自己設想的目標要求兒子，而且自認為很有責任感，是優秀家長的典範。

可這位典範不知道自己早已將孩子壓迫到塵埃裡去了。學校期中國文考試的作文要求學生以母愛為題寫一篇文章，表嫂的兒子直接在考場上崩潰大哭，監考老師立即叫來了班導和家長，他寫的作文也公之於眾，題目是：我想要別人家的媽媽。他在文章中寫到自己的媽媽很不喜歡自己，認為自己一無是處，無論怎麼努力，媽媽都不滿意，他已經快要窒息了。如果母愛就是不斷地施壓，不斷地剝奪，那他寧願換一個媽媽。如果換不了，那麼他盼望快點長大，好離開家，永遠都不要再見到媽媽。

其實每次表嫂將「別人家的孩子」搬出來時，她的孩子都會感到很難過，覺得媽媽不喜歡他，更喜歡別人做她的孩子。表嫂的兒子感到自己做什麼都不能讓媽媽滿意，自信心一次又一次地被擊碎。久而久之自卑感倍增，他開始反感，開始怨恨，怨恨媽媽，也怨恨自己。

有人認為這樣的孩子太敏感，媽媽這麼做都是為了他好啊。可是這位媽媽有沒有想過，這所謂的「好」，孩子願不願意接受呢？高敏感的孩子很容易自我否定、產生自卑感，甚至生出恨意。

強行讓一個內向的高敏感孩子變得外向，這難道不可怕嗎？不可否認外向的孩子在社會上很有競爭力，但也不能否決內向孩子發光發熱的可能性。讓孩子保持初心，不管外向還是內向，都能獲得快樂和幸福。

高敏感的孩子有自己的特點，與其和別人家的孩子做比較，不如讓他們自己與自己比較。

今天比昨天多睡了一個小時，沒有受到聲音的影響，這就是進步；今天比昨天思考問題的時間縮短了一分鐘，沒有過多猶豫，這也是進步；昨天不敢主動去交朋友，今天和別的小朋友一起玩遊戲了，這都是進步。

自己與自己比較，每天都進步一點點，讓高敏感的孩子有時間和空間去消化所得到的資訊，讓他們適應自己的高敏感特質，如果這些小敏感影響了正常生活，那麼面對它，解決掉就可以了。

孩子的世界很簡單，就是一次次地遇到問題，一點點解決問題，在解決問題中不斷地成長。高敏感兒童與一般人一樣，都是在摸索中前進，敏感也好，不敏感也罷，不要過分在意它。

家長要看淡一切，不要替高敏感孩子貼上「特殊」的標籤，也不要刻意隱藏孩子的小敏感，只有做到無視它，才能更好地正視它。

既然孩子擁有與生俱來的高敏感特質，家長就應該去接受、去珍惜，要有作為「不一般孩子」父母的覺悟，而且和孩子一起愛上他們的小敏感。

我們和孩子是站在同一陣營裡的，不應該對立，也不能變成孩子的假想敵。尤其在對待高敏感孩子的時候，不要把「別人家的孩子」掛在嘴邊反覆提及，這樣對他們不公平。我們要忽略來自外界的壓力和評價，不要成為孩子的心理負擔。

拒絕「別人家的孩子」，讓高敏感的孩子做自己，將高敏感特質當作不可或缺的一部分，接受它，轉化它，愛上它。

第六章

教導孩子成為情緒的主人

跟孤僻和不合群說再見

去除偏見和標籤，高敏感兒童出現孤僻和不合群的表現，是何種情緒的體現呢？

情緒是一種主觀的認知和感受，它可以透過面部表情、姿態表情和語調表情表現出來。當高敏感孩子出現孤僻和不合群的行為時，他們表現出來的情緒有不高興、悲傷和憂鬱。孤僻和不合群是這些情緒的行為特徵。

保羅・艾克曼（Paul Ekman）是美國加州大學的心理學教授，他認為人類有四種基本的情緒，即喜、怒、哀、懼。這與顏色中的三原色相似，三原色透過多種形式融合會形成不同的顏色。以四種基本情緒為基礎，也可以混合成不同的情緒。

高敏感兒童的應激反應強烈，對情緒的感知也更敏銳。情緒往往會透過語言、動作、神態來表現，應當恰到好處地引導高敏感兒童，讓他們學會掌控自己的情緒。

小C天生具有高敏感特質，童年時期因為父親工作的關係，她隨著家人輾轉於幾個城市生活，也換了好多學校。每次到新的學校她都會很不開心，而且對陌生的環境感到害怕。她在新學校表現得很內向，上課從不舉手發言，只是悶頭坐在教室的角落裡等下課，不參加集體活動，也不和同學玩，總是一個人獨來獨往，像個局外人。

熱鬧和快樂是別人的，小 C 什麼都沒有。漸漸地，她被貼上孤僻和不合群的標籤。

小 C 的母親是個溫柔體貼的女人，她覺得帶著女兒四處奔波不利於孩子的成長，對女兒有愧疚感。她很重視小 C 在學校的表現，第一時間去了解了情況。她開始和小 C 交流，引導孩子說出自己的內心感受，而且將重心轉移到孩子身上，多陪伴和照顧她，經常帶她出去散步，還約了小 C 的同學一家去郊遊，讓小 C 也有機會了解同學，和她交朋友。

這樣做的效果很好，小 C 的同學開朗活潑，小 C 卻是一副生人勿擾的樣子，沒想到私下接觸後，小 C 發現兩人有不少共同話題，而且都對英語學習很有研究。有了這一次的深度交流，小 C 在學校交到了第一個朋友，雖然她還是不主動參與班級的集體活動，但在同學的帶領下，小 C 融入了一個學習小組，臉上悲傷的表情慢慢不見了，對陌生環境的恐懼感也漸漸消失了。

當高敏感孩子感到不高興和悲傷時，他們會透過各種行為表現出來。比如不愛吃飯，對平時愛吃的菜視而不見；不想交朋友，不願意去幼稚園；想一個人待著，不參加集體活動；臉上沒有笑容，看起來很傷心；情緒低落，對什麼都提不起興致。

小 C 是用孤僻和不合群來表達悲傷的，那麼是什麼原因引起的呢？

首先是外部環境的影響，陌生的環境會讓高敏感孩子缺失安全感，他們會感到害怕和不安；其次是家庭因素，父親工作經常變動，而且很少陪伴孩子，對孩子不夠關心。最後是孩子本身的原因，小 C 是高敏感兒童，缺乏自我調節情緒的經驗。

如何才能讓高敏感兒童緩解不高興和悲傷的情緒，跟孤僻和不合群說再見呢？

首先，忽略外界的標籤，認真了解孩子不合群的原因，避免過度介入讓孩子形成討好型人格。

很多家長在發現孩子孤僻不合群時會生氣，這也許是在意面子而引起的心理不適，他們認為：「我這麼優秀，我的孩子怎麼能孤僻呢？」毫無因果關係的執念，不僅不能幫助孩子，還有可能對孩子產生二次傷害。

孩子被說成「孤僻和不合群」，他們會不開心，這是初次傷害。

家長覺得沒面子，無處抒發，透過吼罵等方式強行讓孩子合群，這就造成了二次傷害。

高敏感孩子不合群的原因是多方面的，每一個孩子都是獨一無二的，他們的思維也是千差萬別的。到底是什麼原因觸發了他們敏感的神經，這需要家長透過交流和傾聽去發現。

強制孩子合群會導致兩種後果。其一，孩子合群，但會產生很多負面影響。礙於家長的強權壓制，他們不得不逼自己合群，為了不再承受心理壓力而討好家長，很可能會形成討好型人格。其二，孩子更加孤僻，甚至會出現反抗心理，拒絕參加一切社會活動。

其次，用系統脫敏法來循序漸進地打開孩子敏感的心扉。

萬能的心理治療法又一次閃亮登場了！系統脫敏法講究循序漸進，要領就是由點及面，一步一步達到治療的效果。誠然兒童的高敏感行為並不是病症，也無須治療，我們只是用系統脫敏法來介入孩子不合群的行為。

我們可以列給孩子一張「合群不適感」的清單，讓孩子說出不合群的原因，是什麼導致了他們不舒適的感覺，按照清單上的內容逐一攻破。家長可以陪孩子一起參加集體活動，讓孩子嘗試「合群」，等不適感有所緩解後再一項一項劃掉清單上的內容。

有些孩子不喜歡參加團體活動是因為想要深度交流，那麼就不要拘泥於合群本身，可以讓孩子只參加兩個人的活動。案例中的小 C 就是先和同學建立起友誼，一起學習英語，最後參加了學習小組的活動。

最後，快樂的交際是前提，好的引導方法不是負面評價悲傷情緒，而是要用快樂占據整個心靈。

當高敏感孩子表現得不愛融入團體活動時，他們可能認定獨處是一種更舒服的狀態。如果強制讓孩子合群，他們會產生壓力，會認為這是一種心理負擔，甚至會出現焦慮和不安的感覺。

而當「孤僻」、「不合群」的標籤貼在他們身上時，他們會感到悲傷，往往一邊我行我素不參加集體活動、一邊又在意著別人的看法。這個時候孩子受傷的心需要得到治癒，家長可以帶孩子做一些讓他們感到快樂和幸福的事，用愉快去代替悲傷。

解決憂傷的辦法不是趕走它，而是用快樂去代替它。

如果家長用系統脫敏法幫助孩子融入集體，但孩子仍感覺不自在，那麼就要考慮自己的孩子是否可以走另一條路了。有時「孤僻」和「不合群」這兩種行為的背後並不是不開心。前文提到過，高敏感孩子在人群中占 20%，天生的高敏感特質注定了他們與眾不同。有針對性地培養他們的興趣和愛好，或許你會收到更多的驚喜。

美國的兒童研究所做過這樣的實驗，追蹤調查很多高敏感兒童，研究他們的成長軌跡，結果這些高敏感孩子中的大多數都成了科學家、藝術家。

條條大路通羅馬。每一個孩子的成長道路都是不同的，無論將來如何，成長過程中一定要有快樂相伴。憂傷和難過只是一時的，當孩子學會如何面對負面情緒，一切都將迎刃而解。

到最後你會發現，外界的評價和標籤都是浮於表面的，「孤僻」也好，「不合群」也罷，孩子的本質是什麼、他是否真的覺得快樂，只有孩子和你知道。而這才是最重要的。

孩子的自卑感是怎麼產生的

你的孩子有這樣的表現嗎？

從不參加學校的比賽，勉強參加也會臨陣脫逃，害怕失敗，受到挫折會難以接受。

不和優秀的人做比較，不和家長認為的「好孩子」玩。

情緒低落，總認為自己不行，否定自己的努力，沒有完成老師或家長交代的事情會自責，覺得自己沒用。

特別在意家長的表揚，如果沒獲得期待已久的讚許，會難過流淚。

在意別人的評價，外界的指責會影響他的心情，整個人表現得憂心忡忡。

上臺表演或與人交流時會突然口吃，表達停頓、卡住。

敏感怕生，不願意交朋友，習慣躲在家長身後。

如果高敏感兒童出現以上行為，那麼家長朋友們就該注意了，你家的小朋友有可能正被自卑困擾。

奧地利心理學家阿爾弗雷德·阿德勒（Alfred Adler）在《自卑與超越》中寫到：「不管有無器官缺陷，兒童的自卑感是普遍存在的。」

阿德勒認為兒童之所以會產生自卑感是因為他們太小，需要依附於父母去生活，所以一舉一動都受到大人的控制。

家庭和父母是兒童產生自卑感的主要原因。

家庭的環境氛圍很重要。有一種父母屬於獨斷專制型，孩子的一切都要掌控在手中。小到食衣住行，大到才藝班、報考的學校、選擇的科系，甚至還要將手伸到孩子戀愛對象、結婚配偶的選擇上。只要是孩子的事，都要插手介入，讓孩子以他們的意志為轉移，完全忽略孩子內心的感受和想法。在這種家庭環境下，高敏感的孩子會更敏感自卑。他們沒有自主選擇權，也沒有獨立做事的經驗，感覺自己不過是父母手上的牽線木偶，一旦離開父母就連最簡單的事情都做不好。

還有一種父母是酷愛比較型，也就是傳說中「別人家孩子」的宣傳者。他們最喜歡做比較，捧高別人家孩子的同時貶低自己家的孩子，還美其名曰：孩子不能誇，誇了會上天。孩子某科考了 100 分不誇，嚷著別人家的孩子三科都是 100 分。孩子考試進步了 60 分，還要和別人家進步了 160 分的孩子相比較。口頭禪永遠是「你看那誰家的小孩」，與孩子交流的主要目的就是打擊他。在這種家庭教育下成長的孩子極度缺乏自信心，因為他們無論怎樣都會被責罵，自卑感也就越來越強烈。

除去家庭因素，高敏感兒童本身敏銳的洞察力和感知能力也是他們容易自卑的原因。

不可否認，有些在精神層面「無動於衷」的孩子是存在的，無論家長和老師如何打擊、如何比較或使用激將法，他們都無動於衷，依舊我行我素。挨了一頓罵，還能立刻拿球跑到操場玩。不得不說，這樣的孩子天生就是開心果，對負面情緒的感知比較弱，大腦也不接收負面情緒，什麼都影響不了他們玩的心情。這樣的孩子恣意生長，非常快樂。

但高敏感孩子就不行，他們對情緒的接收能力太強，稍有風吹草動就能感知到，而且會深度處理，應激反應強烈。所以面對他人的責罵、外界的看法以及自己的壓力，他們會更容易產生自卑心理。

阿德勒認為：「當兒童利用自卑感作為藉口逃避任務時，他們便會出現神經方面的問題。如果這種自卑感在今後的生活中延續，便會形成自卑情結。」

英國心理學家哈德菲爾德（Hadfield）也說過：「人在自信的情況下，可以把自己的潛力發揮到500%以上；而自卑的人往往只能發揮自己潛力的30%。」

「自卑情結」會產生負面的影響是毋庸置疑的，不利於兒童的成長和發展。那麼應該如何幫助高敏感孩子走出自卑的心理呢？

第一，鼓勵和支持。自卑的孩子普遍缺乏自信心，做什麼事情都不認為自己能做好，往往容易退縮、停滯不前。這個時候家長和老師就需要做孩子背後的手，用「鼓勵之手」去推孩子一把，給他們信心，而且相信和支持他們。

阿德勒出生在奧地利維也納的商人家裡，家庭美滿，但他卻覺得不快樂而且感到自卑。因為他的哥哥很優秀，活潑可愛討人喜歡，可是他認為自己很醜，身體缺陷造成了行動上的不便。而他最後能夠從自卑中解脫出來，並成為著名的心理學家，相當程度是受到父親的影響。阿德勒的父親很喜歡他，常常鼓勵他說：「阿德勒，你不能害怕任何事情。」父親的鼓勵對阿德勒影響深遠，產生了正面的效果，他做事漸漸有了勇氣和決心，自信心也在不斷提升。

鼓勵和讚許很重要。在孩子做事前，多說一些提高孩子自信心的話，他們會感知到，還會有意想不到的收穫。除了外界的支持和鼓勵，讓孩子學會自我激勵也同樣重要。比如在演講前默默對自己說：「我做得到，不要緊張，相信我一定能完成。」

第二，獨立和放手。在保證孩子安全的前提下培養其獨立意識。可以從小事開始，比如在自助餐廳，讓孩子自己去跟服務生要一雙筷子；讓孩子自己選擇一件喜歡的衣服或者一個玩具。當孩子大一些時，可以讓他獨自一個人去學校，主動去和同學玩；邀請好朋友來家裡做客，讓孩子充當一天的小主人。在日常的生活和學習中培養孩子獨立的意識。

作家龍應台在〈目送〉中寫道：「所謂父女母子一場，只不過意味著，你和他的緣分就是今生今世不斷目送他的背影漸行漸遠。你站立在小路這端，看著他逐漸消失在小路轉彎的地方，而且，他用背影默默告訴你：不必追。」

家長要控制自己的行為，既要陪伴孩子成長、介入和幫助他們，也要警惕過度介入，不要把孩子的事情一手包辦。要學會放手，讓孩子正面面對自己的人生，不要害怕失敗和挫折。

第三，了解和接納。讓孩子正確了解自己的行為，而且接納獨一無二的自己。高敏感兒童在面對外界的否定和指責時容易陷入情緒低落的狀態，這個時候要讓他們正確了解自己的行為，不要人云亦云地自我貶低，要相信自己的能力。比如孩子不愛交朋友，被人評價內向，因此自卑。那麼要告訴他，不喜歡交際是一件太過正常的事，不要因為外界的聲音而懷疑自己。

事實上很多人都有內向的苗頭，可一旦被別人指出來，就會很生氣，「內向」彷彿成了一個貶義詞。但實際上內向只是一種行為態度，學會接受自己的一切，才能感受到外界的快樂。

要讓孩子知道，我們都是天空中的一朵雲，可以恣意生長。每一朵雲都是獨一無二的，我們都是身邊人的寶貝，也是自己心中的寶貝，要愛自己心中的小雲朵。或許雲朵中有雜質，有灰塵，有縫隙，但那就是我們呀！

學著接納和欣賞完整的自己，不怕雷鳴和閃電，信心滿滿，勇往直前，翱翔在無邊無際的天空中。

孩子情緒化應該如何去引導

情緒是兒童內心世界的反應，是一種心理活動，透過語言、動作和神態表現出來。高敏感兒童在受到外界情感刺激後會做出不同的反應，絕大多數內向型兒童傾向於沉默、悲傷、生悶氣。有些敏感的孩子需要用大吼大叫等容易引起家長注意的行為來發洩情緒，他們看起來很憤怒，讓人感覺難以接近。

敏感的孩子有時會很矛盾。他們在情緒化時，會渴望身邊的人靠過來安慰他，卻又覺得不好意思，會不由自主地加大說話音量或加重語氣讓人遠離自己。

就像刺蝟，明明內心是柔軟的，但外面布滿堅硬的刺。他們生而敏感，想要用刺來武裝自己，給自己安全感，透過自我保護來確保不受傷害。

幼稚園裡，一個小朋友哭往往會引起一群小朋友哭。可能到最後都不知道哭的原因是什麼，別人都哭，有點害怕，那就跟著哭出來。哭其實是情緒發洩的一種方法，可以適當緩解負面情緒帶來的壓力。

很多家長擔心孩子出現情緒化的行為：哭鬧不止、消沉低落、大吼大叫、生氣憤怒……每當孩子情緒苗頭不對都會有如臨大敵的感覺。其實情緒化本身並不需要擔心，七情六欲原本就是人之常情，讓孩子以合適的方式發洩出來就可以，孩子的情緒化有沒有得到及時疏導才是問題所在。情緒化引發的問題是很棘手的，家長要預防，也要及時發現，否則問題會一直存在，會讓孩子留下陰影。

情緒化問題沒有及時得到關注和處理時，敏感的孩子會胡思亂想、自我懷疑。比如家裡有兩個孩子，高敏感的是姐姐，一般的孩子是弟弟。朋友送來一塊蛋糕，媽媽拿給弟弟吃了，姐姐沒有吃到。媽媽沒拿給姐姐吃是因為她有蛀牙，但媽媽沒說，孩子並不知道。由於天性使然，高敏感的姐姐會從「蛋糕」這件小事引申到「媽媽是否愛我」的大問題上。她會傷心難過、偷偷流眼淚，同時也會嫉妒吃到蛋糕的弟弟。她可能會趁大人不注意偷偷將弟弟推倒，也可能故意不跟弟弟說話，又或者大吼大叫。

瞧，敏感的孩子也很可憐，一系列的猜想讓她認為爸爸媽媽不愛自己，而弟弟得到了全部的愛。如果這個時候父母沒有及時發現她的情緒化問題，她極有可能會產生更嚴重的心理問題，甚至將怒氣發洩到弟弟身上，最後徹底失去手足之情。但事實上弟弟很愛姐姐，姐姐哭時，弟弟會幫她擦眼淚，會跑過去抱住她。

兒童情緒化會帶來很多問題，首當其衝就是影響心理健康，父母的及時發現尤為重要。而發現之後就是如何開導了。

第一，讓敏感的孩子學會轉化情緒。負面情緒產生時，可以暫時忽視它，多感知一些正面的情緒。父母要提供高敏感的孩子良好的環境，善於用鼓勵來增強孩子的信心，讓孩子有一個樂觀的心境，這樣遇到任何事都能正面應對。

當孩子生氣、不高興、對人發脾氣時，要教孩子理清自己的負面情緒，知道自己為什麼生氣，之後如何緩解這種憤怒感。告訴孩子發生了什麼不重要，怎麼解決才是關鍵。問題解決了，負面情緒自然就消散了。

第二，讓孩子心胸開闊，學會寬容待人，不要讓憤怒的情緒控制自己的行為。有些高敏感的孩子會生悶氣，朋友拿了他心愛的玩具，他會哭著發誓再也不和朋友玩了，一個人默默地生朋友的氣。這個時候需要家長及時發現孩子的「怪異」行為，比如平常一起玩的朋友突然不再一起玩了；平時提到某個朋友，孩子會情緒高漲，而現在竟然表現得悶悶的，提不起興致。這時家長要意識到，孩子之間可能存在矛盾了，負面情緒沒有走，它變成了生氣、嫉妒或怨恨，隱藏在心裡發酵。

此時家長需要引導孩子走出內心的糾結，找到矛盾的根源。做錯的一方需要道歉，而另一方則要有寬容的態度。孩子學習道歉和原諒的同時也是在學習寬容和珍惜。

第三，責罵要恰到好處，不要讓敏感的孩子感到恐懼。強勢或簡單粗暴的責罵會使敏感的孩子產生反抗心理，父母用這種方式進行責罵和教育，非但不能走進他們的心，反而會讓他們將自己縮在殼裡。責罵要溫和，不要不耐煩，更不要武斷專橫。

敏感的孩子會更注重別人對自己的看法，帶有情緒的責罵不僅產生不了任何效果，還會讓他們陷入更惡劣的情緒中，甚至產生恨意。恨責罵他的人，恨周圍的一切，也恨他自己。對於高敏感的孩子，恰到好處的責罵才會發揮作用。責罵對他們來說代表的是「看重」，他們會渴望老師的「責罵」，這些孩子在被老師責罵後往往會更加努力，學習成績也會有所提升。

責罵過後要密切關注孩子的情緒，必要的安撫也是很重要的。

第四，讓敏感的孩子感知到父母對他的尊重，讓孩子內心的聲音能夠被傾聽。溝通很重要，敏感孩子的情緒化問題切忌冷處理，這會增加孩子的心理負擔，讓他們更加胡思亂想。及時有效的溝通可以讓孩子知道父母的想法，父母同時也要傾聽孩子的意見，將孩子當成家庭裡的一員，給他們充分的尊重。

現在的家長在孩子教育中的投資占比越來越大，除了才藝課和課外輔導班，藝術類課程也種類繁多，通常一個孩子至少上過三種藝術課，家長美其名日是培養孩子的興趣和愛好，但其實相當程度上，這些興趣和愛好都是家長選的，是他們感興趣的，或者是認為對孩子有用的。舞蹈、繪畫、樂器、程式設計、跆拳道……孩子的課餘時間被各種補習班安排得滿滿的，真可謂現代版的不負韶華。可孩子真的開心嗎？他們敏感的小心思能得到照顧嗎？不反抗就是願意嗎？

父母不要將自己的思想強加在孩子身上，要學會尊重孩子的興趣愛好，如果孩子拒絕任何藝術類的補習班，那麼就讓孩子學習他們感興趣的東西，這能減少很多負面情緒。

最後，接納孩子的情緒化。讓敏感的孩子認清自己，遇到問題冷靜處理，不要隨意發脾氣，教孩子用適合自己的方法去發洩負面情緒。

下面列舉幾個實用方法供家長參考。

第一，轉移注意力法。

敏感的孩子生氣時不要讓他獨處，幫助他用轉移注意力的方法來緩解情緒。比如孩子大哭時，他會沉浸在傷心的情緒中，家長可以拿給他一個喜歡的玩具，或者抱他去看窗外的風景，用聲音或物體轉移孩子的注意力。當孩子大一些時，家長可以教孩子自己疏通負面情緒，當感覺到生氣、傷心、嫉妒時，可以將視線轉移到其他事情上，讀繪本、收拾玩具、洗自己的襪子，總之讓他有事可做。先從負面情緒中走出來，再去思考問題如何解決。

第二，體育運動法。

運動可以產生正面的情緒，也可以鍛鍊孩子堅忍的意志。讓孩子從小養成愛運動的好習慣，可以每天帶孩子出去散步、跑步、騎單車、踢足球、打羽毛球等，不僅可以鍛鍊身體，還可以增進親子關係。

第三，自我傾訴法。

鍛鍊孩子的思維，讓孩子說出自己的想法，把負面情緒描述出來，家長在一旁分享他們的感受，教他們用合適的方法解決。這一步能幫助孩子建立一個處理負面情緒的模式：先把情緒說出來，分析情緒產生的原因，最後解決它。

第四，再試一次法。

敏感的孩子容易產生自卑心理，在不能完成某事或失敗後，他們會自我否定，認為自己不行。不如讓孩子再做一次，讓他們再給自己一次機會。家長可以從旁引導，提醒他們吸取上次的經驗和教訓，增強孩子的信心，鼓勵孩子再試一次。

爲什麼媽媽在反而不乖

很多媽媽抱怨孩子難帶，只要一回家，沒到十分鐘孩子就會又哭又鬧。更讓媽媽難過的是身邊人的指責，明明他們看著時寶寶很乖很懂事，怎麼媽媽回來反而不乖了？一定是媽媽有哪裡沒做好。

的確有些高敏感的孩子會變成「小霸王」，這些孩子在學校或者親戚家都表現得很好，不哭不鬧，是安靜的乖寶寶。可是回家看到媽媽後就變成了另一個樣子，他們大聲哭鬧，對媽媽耍脾氣，這也不好那也不對，完全就是一個「混世魔王」，讓媽媽苦不堪言。

這些孩子其實是在用哭鬧來發洩情緒。當他們面對外部的指責或評價時，他們不敢反駁，但他們不喜歡，只能把負面情緒憋在心裡。他們也生氣，回到家看到親近的人，特別是媽媽，才會將情緒發洩出來。他們沒有別的辦法發洩負面情緒，只能用哭和鬧來告訴媽媽：我不舒服，我被欺負了，我好難過，媽媽快來抱抱我安慰一下。

有些孩子也會欺負媽媽，肆無忌憚地說一些傷人的話。面對媽媽他們不膽小了，也敢反駁了，因為他們知道無論怎樣媽媽都不會離開，也不會生氣，媽媽會一直愛他們。

這也就印證了那句歌詞：「被偏愛的永遠都有恃無恐。」

打個比方，高敏感的孩子有七成是內向型。他們知道自己內向，但有一部分孩子不喜歡被別人評價內向，因為他們認為「內向」這個詞含有貶義成分。

當學校裡有人對他說「你可真內向」時，雖然說話的人是無心的，但聽到這句的孩子會很不高興，他會在心裡反駁一句「你才內向」。但他膽子小，不敢說出來，只能在別人的嬉笑中默默離開。然而事情並沒有過去，他把難受、不舒服、委屈等負能量累積在心底，想要發洩出去。可怎麼發洩呢？他們清楚地知道外面「不安全」，環境條件也不允許，他們需要在一個安全的環境下才能放肆地發洩。那麼哪裡最安全呢？對了，是家裡。對於高敏感的孩子來說，家裡最安全，尤其是媽媽在的時候。於是他們將外面帶回來的負面情緒全都發洩在媽媽身上。

那麼問題來了，當孩子出現上述行為時，媽媽該怎麼辦呢？

很明顯上述的負面情緒發洩法是錯誤的，媽媽果斷的做法是見一次，「打」一次。當然不是真的打孩子，而是打開孩子負面情緒發洩的閥門。

首先安撫洶湧而來的負面情緒，讓孩子平復心情，停止哭鬧。透過引導訴說，讓孩子主動說出自己為什麼哭鬧，也可以轉移注意力，將孩子的視線轉移到他感興趣的地方，再慢慢解開心結。

還是上述案例，孩子不喜歡被說成「內向」，那麼就讓孩子舉例，把自己「不內向」的證據列出來。如果他可以成功舉例，就讓他按照列舉的事實去做。他可能會寫喜歡和小朋友玩樂高，一起吃冰淇淋會笑，喜歡到外面玩，等等。也許慢慢地他就會變得不那麼內向，也願意朝外向型發展了。假設孩子沒有列舉出他不內向的事實，那麼索性告訴孩子他就是一個內向的人，這很正常，沒有什麼值得遮掩的，下次如果還有小朋友說，那就光明正大地告訴所有人：「是的，我性格內向，那又怎麼樣呢？」

此外還有一種情況會造成「小霸王」，孩子見到媽媽反而不乖，有可能是為了吸引媽媽的注意力。他們需要陪伴和關懷，需要媽媽給予的愛和安全感。

如果是這種情況那麼各位媽媽就要反思了，是不是自己太過忙碌忽視了孩子的成長，讓他們產生了焦慮和不安的情緒。

朋友小旭因為公司的事忙得焦頭爛額，有時還要將工作帶回家。最近每當她開始工作，女兒就會時不時出現在她面前，而且會因為一點小事而大聲哭泣。衣服被火龍果染紅、積木倒了、洋娃娃的手臂壞了、不小心跌倒了……這些都能讓女兒哭上很久。小旭覺得很奇怪，以前女兒跟著自己的時候明明從來不哭的。

後來小旭跟女兒聊天，鼓勵她說出哭鬧的原因。女兒說是因為想媽媽，想要媽媽陪。小旭才恍然大悟，原來是自己忽略了女兒的感受，陪伴女兒的時間少了，對她的關心也少了，敏感的女兒感覺到了不安。

前文提到的有關高敏感孩子變成「小霸王」的情況，是別人無意識的話語或動作對他們產生的影響。那如果遇上別人故意欺負呢？他們遇到校園欺凌時該怎麼辦呢？

高敏感的孩子大多善良，他們或許會自己承擔過錯，認為別的同學欺負他的原因出在他自己身上。就像在家裡，父母當著孩子的面吵架，孩子會認為一定是他做錯了什麼，惹得父母不高興，導致發生爭吵。

校園欺凌的攻擊方也是問題小孩。他們或許與「小霸王」相反，在媽媽面前很懂事，裝作乖寶寶，可到了校園裡就去欺負同學。他們會選擇班上最不起眼的、看起來很弱的同學當作欺凌的對象。其實他們是在將負面情緒發洩到同學身上。

無論怎樣，欺凌和暴力都是不對的，要做出反抗。特別是高敏感孩子，要從小培養他們自我保護的意識，任何欺凌都是不可忍受的，要第一時間告訴父母。同時我們也要關注孩子的心態變化，一旦出現反常的行為，就需要及時了解孩子在學校的情況，做出解決措施，不要讓孩子覺得孤立無援、沒有出路。

高敏感孩子的情緒問題不容忽視，要引導他們正確地發洩負面情緒，不要把負面情緒都堆積起來，要定時疏通情緒的經絡，保證身心健康。

情商要從兒童時期做起

在教養孩子的過程中，很多家長都要面對這樣的難題：孩子注意力不集中，上課走神，會不自覺地離開座位在教室裡亂晃；情緒波動很大，一遇到不順心的事就會生氣，耍小性子，甚至在公共場所嚎啕大哭；經常因和同學打架被請家長；心理脆弱禁不起打擊，遇到難題和挫折就不高興，不知道怎麼解決；一切都聽父母的，沒有獨立思考和決定的能力……

這些都是兒童低情商的表現。不管是一般兒童還是高敏感兒童，都會被情商問題困擾，只是高敏感兒童的教養難度要比一般兒童大很多。

現在的家長越來越重視孩子的教育。胎教、早教、才藝班、課外補習輪番上陣，家長們拚盡全力，似乎都怕孩子輸在起跑點上。

小 L 在孩子五個月時就教他怎麼跟小朋友打招呼，先用家裡的玩具熊陪寶寶練習，帶她出去晒太陽時，跟社區裡其他小朋友打招呼，說是要結合理論與實踐。很多家長認為孩子這麼小，哪裡會懂呢？其實嬰兒在五個月時已經能感知到外界的資訊了，育兒專家也說過，想要孩子說話早，就要儘早替孩子建立語言環境。朋友小 A 平時話就少，認為孩子到了該說話的時候自然會說，結果她的孩子比同齡的孩子晚半年才開口說話。

高敏感孩子的接收能力更強，他們也許內向，但只要為他們建構良好的生活和學習環境，特意地培養他們的興趣愛好，他們往往會表現得更優異。

朋友 W 的孩子具有高敏感特質，有一天回來大哭，因為自己最喜歡的玩具被別的小朋友搶走了，奶奶沒有及時安慰，反而在很多人面前責罵她不懂得分享，她覺得太丟臉了。

大人喜歡當眾指責孩子，認為這樣孩子會長記性，殊不知這會傷害到孩子敏感的心，讓他們覺得自己不被尊重。很多家長不會低調責罵孩子，也沒有耐心跟孩子解釋，其實大人的這種行為也是一種低情商的表現，孩子是有可能複製家長的行為模式的，他們的模仿能力太強了。這也就是為什麼說低情商具有可複製性，孩子往往是大人的鏡子，大人怎麼處理負面情緒，孩子會依法炮製。

心理學家約翰·戈特曼（John Gottman）在他的著作《培養高情商的孩子：讓孩子受用一生的情緒管理法》中提出，情商就是一個人的特質，包括情緒管理、意志力、行為習慣、面對挫折和困難時的反應等。情商關係到一個人未來的發展，是取得成就和幸福的關鍵。

其實生活中80%的事情都可以依靠情商能力去解決，智商只占據一個人成功的一小部分，而情商卻占據了絕大部分。提高情商應該從兒童時期做起。

從小培養高情商的孩子，我們應該怎麼做呢？

首先，高敏感兒童的情商第一課應該從家庭教育開始。

美國著名心理學家丹尼爾·葛爾曼（Daniel Goleman）認為，相比高智商的人，高情商的人更容易獲得成功。葛爾曼提出家庭是兒童情商學習的第一所學校，家庭教育是情商培養的搖籃。

家長在培養孩子情商的同時，也要專注於提高自身的情商和教育水準，這樣才能在生活的細節中幫助孩子培養情商能力。孩子低情商的表現大多有：自制力不強，缺乏專注力，性格孤僻不合群，沒有集體意識，嬌生慣養，沒有同理心，責任心差，不愛幫助人，不自信，沒有決斷能力等。要想幫助孩子走出低情商的深谷，就需要細心培養，一步一步耐心地等待孩子蛻變。

家長要特意提高孩子的專注力。在孩子專心玩玩具、讀書、拼圖、聚精會神看螞蟻時，只要孩子不提出問題，家長就不要打擾。因為兒童在認真做事時，大腦是高速運轉的，不打斷他不僅能開發大腦，還有利於培養專注力。

家長還要告訴孩子規則的重要性，且大人和孩子要一起遵守，這樣能建立彼此的信任感，將來孩子上學時也會注重規則，就不會出現上課時四處走動的情況了。

其實很多教育都是在家長的潛移默化下完成的，父母的言傳身教是孩子最好的老師，孩子接受起來不會有牴觸感，反而會讓他們的記憶深刻，效果自然也更強一些。

其次，在兒童的不同時期，轉變情商課的培養重點，改變情商培養的方法，同時關注高敏感孩子的接受程度。

嬰兒時期：注重感知與回應。

剛出生的嬰兒由於神經沒有完全發育，容易出現驚跳反應，從睡夢中驚醒就會大哭，所以抱抱和輕聲安撫很重要，也有利於安全感的培養。回應指的是嬰兒哭了要抱，餓了要餵，害怕了要哄。父母要在長時間的餵養過程中了解寶寶的習慣和規律，觀察與感知他們的情緒，做出相呼應的動作，讓寶寶知道自己是被關注的，讓他們體會到最初的情感交流。

這個時期高敏感的孩子往往表現得很「難養」。他們通常感官敏銳，聽覺敏感的寶寶會被聲音吵醒；觸覺敏感的寶寶會感覺衣服和被褥不舒服，他們往往會哭得家長無從入手。這個時候家長要靜下心來，摸清寶寶哭的原因，把敏感點逐一排除。

嬰兒時期的寶寶也需要培養情商，他們可以透過面部表情表達自己的感受。等孩子牙牙學語時，周邊的人要及時回應。先從模仿大人說話開始練習，在學說話的同時鍛鍊交往能力。

用簡單的對話培養他們的社交興趣，避免孩子孤僻和不合群。比如早上遇到小朋友需要說什麼呀？要說「早安」。奶奶幫寶寶餵了水需要說什麼呀？要記得說「謝謝」。

幼童時期：教會分享與感恩。

孩子三歲之後就可以鍛鍊交往能力了，高敏感的孩子對外界的感知比較細膩，可以預先培養他們的交際技巧，鼓勵他們多和同齡的孩子一起學習、看繪本、玩遊戲。學會和好朋友分享食物、玩具，也可以分享開心或悲傷的事。夥伴之間要互相鼓勵和幫助，增強他們的責任感。

對內向的高敏感孩子更要多一些耐心。這個時候的孩子對周圍的人和事都有了自己的看法，要尊重他們的選擇，不要用命令的語氣要求他們做事，家長要學會引導他們說出自己的意見和想法。

青少年時期：側重溝通和傾聽。

這個時期的孩子對情緒的感知已經很成熟了，他們可以控制自己的行為，但也會受外界的影響而進入謬誤，家長和老師需要多注意與他們溝通交流。

進入青春期的孩子會出現叛逆心理，敏感的孩子接收的資訊多了，會造成他們的困擾，不及時處理就會憋在心底發酵，導致負面情緒占據上風。這個時候家長需要轉變思維，不要試圖將孩子的一切掌控在手裡，鼓勵孩子自己調整心態，讓他們有機會自己做決定，獨立解決問題。家長應側重傾聽而不是下命令，要以孩子接受的方式與他們相處。

最後，耐心等待。不要急於求成，給高敏感的孩子多一些時間去處理情商問題。重視孩子的情緒管理，找到合適的方法幫助他們合理利用共情力。

共情力是高敏感孩子與生俱來的能力，合理發揮共情力的作用，能幫助他們處理好自己的人際關係。同時家長也要細心觀察，爭取和孩子達到情感上的共鳴。讓孩子學會換位思考，站在對方的角度考慮問題，給自己一個了解他人的機會，從而達到情商培養的最佳效果。

受到鼓勵的孩子更加自信和勇敢

心理學上有個著名的標籤效應，指的是當一個人被貼上某種標籤時，被貼上標籤的人潛意識裡會進行自我印象管理，會讓自己的行為傾向於標籤上的內容。

下面就讓我們一起來看一下標籤效應產生的影響吧。

第二次世界大戰期間，美國需要大量能夠衝鋒陷陣的軍人，但新招募的士兵當中有一部分膽小懦弱、行為不端、紀律渙散且不服從上級指揮。心理學家將這些新兵聚集起來做了一個實驗：讓他們按要求寫信。信的內容是由心理學家擬定好的，上面寫了新兵們在戰爭中如何英勇善戰、聽從指揮，在軍隊裡如何遵守紀律、努力提升自己，還有因為勇猛頑強、在前線殺敵，獲得多少軍功章等內容。新兵們只需要將信的內容一一抄錄下來，郵寄給他們的家人。沒想到半年後，這些士兵竟然真的按照信中的內容去做了，而且非常努力。

美國著名心理學家貝克（Beck）曾說過：「人們一旦被貼上某種標籤，就會成為標籤所標定的人。」

對於這些新兵來說，信中所寫的內容就是一種標籤，被貼上這種標籤後，他們會按照標籤上的內容去表現，這就相當於是一種自我心理暗示，接收的暗示多了，累積到一定程度就會發生質變，結果就是他們真的按照信中的內容遵守紀律、在前線英勇戰鬥。

「你太敏感了。」

「這孩子真內向。」

「這小孩膽子真小，不愛說話，見到人就躲。」

在現實生活中，高敏感兒童總是被貼上這樣的標籤。很多時候高敏感兒童的行為得不到重視，父母也沒有正確的認知和引導，再加上社會的誤解和偏見，這些孩子最後真的變成了標籤上的樣子。

「你對色彩的搭配很有天賦，是天生會畫畫的孩子。」

「你真棒，這麼細微的變化都被你看到了。」

「孩子你太厲害了，我為你感到驕傲。」

「媽媽支持你，繼續加油哦！」

如果孩子被貼上的都是這樣的標籤，那麼他們就會朝著正面的方向前進。這些鼓勵和讚揚的話就像是推進器，可以將孩子潛在的能力發掘出來，讓他們正確認知自己的高敏感行為，而且對自己充滿信心。

朋友小雯的社交恐懼症越來越嚴重了，只要一走出家門，她就會心跳加快手腳冰涼，還會冒冷汗，只有家裡的幾十坪才是能讓她感到舒適的環境。

小雯屬於高敏感族群，小時候就很內向，看到親戚不會主動打招呼，遇見鄰居也只會低著頭走。而且她內心敏感，別人的隻言片語都會影響到她的心情，老師不經意的一句話會讓她冥思苦想好幾天。她對聲音也很敏感，經常被汽車行駛的聲音吵醒。漸漸地，親戚和鄰居會當著小雯和她媽媽的面說：「小雯太內向了，見到人也不說話。」許多親戚為了找話題，不止一次談論小雯的行為，還樂此不疲地替小雯貼標籤：膽子小，不合群，內向害羞，太敏感。

小雯受傷了，她覺得沒有人理解自己。她不打招呼是因為親戚太多認不過來，不交朋友是因為她想學習，不想把時間浪費掉，她覺得交朋友不如讀書有意思。敏感也不是她的錯，她就是能夠感受到別人的情緒。她控制不住自己的想法，事情總是盤旋在腦海裡。她很想告訴媽媽，但媽媽也不理解她，同樣認為她敏感膽小、不合群，甚至懷疑她得了自閉症。

忽視和誤解讓小雯的敏感行為加重了，慢慢地她越來越像親戚和鄰居說的那樣「內向膽小不愛說話」了，而且對社交活動也越來越恐懼，最後連正常社交都不想參與了，畢業後整日在家靠寫文章賺錢來維持生計。

小雯從小就背負著「標籤」的壓力，聽到的話是充滿負能量的，高敏感行為也沒有得到父母的引導，這些都形成了負面的暗示，沒有對她的成長產生正面作用。

高敏感兒童對外界資訊的接收能力比一般孩子要強，當身邊的人傳達的都是負面資訊，例如「你真是太笨了」、「你怎麼這麼敏感」、「這孩子性格太孤僻」等等，時間久了，高敏感孩子就會陷入自我懷疑，會想「我真的是這樣嗎」。當所有人都對他貼上負面的標籤，那麼這種標籤效應就會讓孩子做出相應的自我印象管理，真的越來越笨、越來越敏感。如果他們能受到鼓勵和讚揚，被貼上積極向上的標籤，那麼他們就能受到正向的標籤效應的影響。

鼓勵和讚揚對高敏感孩子來說就像冬日暖陽，可以照亮孩子敏感的心。多激勵孩子，他們會按照這種正面的心理暗示去努力，一點一點地成長起來。

肖剛的孩子也屬於高敏感兒童，是一個很愛哭的男孩子，經常被學校的同學說是「愛哭鬼，跟個女孩子似的。」小男孩性格內向，只會回到家裡生悶氣。肖剛了解情況後，與孩子進行了一次溝通，引導他說出自己的想法。

小男孩說：「同學們總這樣說，我越來越討厭自己。」負面的暗示和標籤會使人產生自卑心理，肖剛的孩子此時就進入了自我懷疑的階段，而且開始產生厭惡自己的心理。長此以往他的自信心會受到侵蝕，性格也會變得越來越內向。

肖剛沒有忽視孩子的感受，他選擇積極應對。肖剛先和孩子一起分析了為什麼總是哭的問題，告訴孩子情緒敏感也是一種正常行為，這樣的孩子對外界的感受更深刻，就像一種特殊功能。

他對孩子說：「從今天起，你就是我們家的小男子漢了，在學校要繼續幫助其他有需要的同學，自信一點，要勇敢，你可以的。」

除了語言鼓勵，肖剛還自創了動作讓孩子進行自我激勵。他將右手緊握成拳，舉到胸前小幅度上下一揮，並說：「我可以！我做得到！」小男孩也跟著他做起了相同的動作。之後很長一段時間，肖剛都會用鼓勵和讚揚的語言去支持孩子。三個月後，孩子的狀態發生了天翻地覆的改變，哭的次數少了，在學校也交到了好朋友，再也沒有同學說他閒話了。

鼓勵就是一種貼上正面標籤的行為，受到鼓勵的孩子會提高自我意識，潛意識裡認定自己會成為家長期許的樣子，而且行動會偏向於正面向上的方向。孩子的精力也會越來越充沛，有利於提升他們的自信心。

學校的教育也會強調這一點，給孩子充滿正能量的標籤，對孩子要多一些表揚、少一些責罵。對於高敏感的孩子來說，課堂上老師一個鼓勵的眼神、一句讚美的話，都能轉化成他們學習的動力。

第一位登上月球的人類太空人阿姆斯壯（Armstrong）小時候喜歡幻想，經常在院子裡跳上跳下，說自己要跳到月球上。他的母親沒有打擊他，反而給了他很多鼓勵和支持，告訴他到了月球後記得要回家。

阿姆斯壯無疑是幸運的。正面的鼓勵是孩子走向成功的階梯，家長要學會利用這個階梯，引導孩子向上成長。

第七章

走出敏感帶來的社交陰影

培養同一種興趣和愛好

暢銷書《小王子》的序言中有這樣一段話：「人類最深的情感，從最大的喜悅到最深刻的痛苦，都來源於關係。生命的本質就是在關係中尋找自己，並成為真正的自己；在關係中尋找愛，並成為愛。這是生命最高的目標，也是最大的收穫。」

友誼或許是一種奢侈品，但也是人類生活的必需品，每個人都需要有朋友，孩子也不例外。敏感的孩子對友誼的渴望不比其他孩子少，有時還會更加珍惜。

有一個現象很奇怪，相信大家都經歷過。我們與父母朝夕相處，有些祕密或事情卻不會和他們講，但是會去和好朋友分享。有這樣一種說法：「朋友是你選擇的沒有血緣關係的家人。」就像我身邊很多女性朋友，她們跟朋友說的話要比跟父母多很多，用相見恨晚來形容最恰當。但當我們為人父母時，卻又渴望和孩子成為朋友，彼此分享祕密和心情。這似乎是一個矛盾的存在。

真正觸及心靈的友情，可以說是一種沒有血緣關係的親情。與他人維持友誼關係，對人來說是很重要的。

父母是孩子最初接觸的人，是嬰兒的第一個朋友，孩子與父母的友誼將會對他們未來的人際關係產生深遠的影響。可以說父母為孩子建立友誼的橋梁打下了基礎。

因此從孩子出生開始，父母就應該特意關注孩子的交往能力，尤其是高敏感的孩子，讓他們帶著信心去交朋友，不要放大和否定自己的敏感行為，找到交朋友的樂趣，收穫真正屬於自己的友誼。

社區群組裡發出這樣一條「求助信」，上面寫著：「我是社區的嘉嘉媽媽，我家寶寶五歲了，最近好像患上了社交恐懼症，不願意出門，也拒絕去幼稚園，認為小朋友都不喜歡她，都不想和她交朋友。她現在只想自己一個人在家玩，我們一說帶她出去，她就哭鬧不止。各位家長有遇到過這種情況嗎？我實在不知道該怎麼辦了，請求大家幫幫我。」

嘉嘉屬於外向型的高敏感兒童，還是個有完美主義傾向的小朋友，對自己的要求很高。吃飯時如果不小心將菜湯滴在飯桌或衣服上，會要求立即擦桌子或換一套乾淨的衣服。臉上被蚊子咬了一口，腫了一個小紅包，她覺得不好看，就拒絕去幼稚園。嘉嘉很在意別人對她的評價，當聽到親戚或鄰居說她穿的衣服好看、誇她懂禮貌時，她就會開心好長時間。

嘉嘉希望幼稚園的小朋友都喜歡她、都和她玩。剛開始，她會帶好多零食去幼稚園，把所有的零食都分給其他小朋友，告訴他們隨便吃。她認為自己分享了食物給大家，大家就應該和她玩。但事情沒有她想的那麼美好，小朋友在吃完零食後就各自去玩了，根本沒出現大家都圍著她玩的場面。

後來她帶了玩具去幼稚園，把新奇的東西分享給小朋友，他們一起玩時的確很好，可是新鮮感過了，也不剩幾個小朋友留在她身邊。

敏感的嘉嘉心理出現了落差，這和她設想的不一樣，小朋友們沒有圍著她轉，而且她發現其他小朋友拿了零食到幼稚園時，他們沒有主動把零食分給她，她覺得很委屈，認為他們都不喜歡自己。回家後越想越傷心，她怕小朋友不和她玩，索性不去幼稚園了。

嘉嘉這種情況很明顯是有了初期的社交障礙。不敢出門，只要被父母帶出去就會哭鬧。因為她對交朋友這件事有了錯誤的理解，想要獲得所有小朋友的喜歡，這是完美主義的理念在發揮作用。嘉嘉的父母想要嘉嘉重新喜歡上交朋友、參加社交活動，需要做到以下兩點：

第一，要告訴嘉嘉，做事認真是好事，值得表揚，但不要太執著於追求完美。不完美才是真的完美，要正視生活中的困難，有解決難題的信心。同時也要正向面對自己的缺點，允許自己犯錯。改正錯誤並引以為戒，下次不再犯同樣的錯就可以了。

第二，讓嘉嘉知道，靠分享零食和玩具只能獲得短時間的友誼。友誼需要維繫，需要更進一步的交往。小朋友們可以透過零食或玩具建立初期的朋友關係，想要發展更深的友誼，就需要培養共同的興趣和愛好。

嘉嘉媽媽為了幫助女兒重新產生交朋友的興趣，嘗試邀請與她玩過的小朋友到家裡來。嘉嘉沒有排斥，她們一起玩扮家家酒，一起幫布娃娃換衣服。但是當媽媽提出要出去時，嘉嘉還是拒絕，用哭來表示恐懼。嘉嘉媽媽費了好大工夫才說服女兒出去吃飯，那是一家情景展示餐廳，家長和小孩不僅可以吃飯，還可以角色扮演、玩遊戲。在玩的過程中，嘉嘉「偶遇」了同一所幼稚園的小朋友，實際上兩位家長早已提前約好，小朋友向嘉嘉表達了思念，嘉嘉很高興，兩個人又手牽手去玩了。

小孩子的思維很簡單，不喜歡的事就不去做，家長需要在恰當的時機發揮引導作用。像嘉嘉媽媽，她藉著那次出遊告訴孩子，幼稚園裡是有小朋友喜歡和她玩的，但想要所有小朋友都喜歡她，是不太可能的。如果想要建立長期穩定的朋友關係，就需要培養共同的興趣和愛好，這樣才會有共同語言，可以一直發展下去。

很多人認為孩子不懂，不能理解過於深入的道理，那麼我們就在實踐中證明，帶著孩子去做，做他們的模範和榜樣。

高敏感的孩子在社交活動中受到傷害或遇到困難時，會加深對負面資訊的處理，也就是說會思考過多，會自責和內疚，反思自己為什麼做得不好，把原因歸結於自己身上。嚴重的有可能會產生自卑心理，不斷否定自己，繼而對社交活動產生牴觸情緒，甚至出現社交障礙。這個時候家長要積極發揮主觀能動性，觀察孩子的行為，適當的引導他們。當孩子建立起初期關係，家長就應該適時收手，讓孩子們自由地建立友誼。

相信孩子，他們能用自己獨特的方式收穫友誼，我們要做的就是理解、支持和尊重。

在互相學習中共同成長

在社交活動中表現得積極主動，這對一個高敏感的孩子來說或許很難。他們有一個安全的社交心理範圍，在他們認為的安全區域中社交會讓他們感到舒適；如果有人超出了這個安全範圍，他們就會感到不安。

打個比方，同樣是生日派對，敏感的孩子更喜歡參加人數少一點，相對來說安靜些的。幾個孩子說說話，拼拼樂高，看看繪本，在一個相對平穩的狀態下進行，這對他們來說很享受。但如果生日派對人數眾多，音響開得很大，環境過於嘈雜，那麼敏感的孩子是會拒絕參加的。就算被迫參加了，這些「熱鬧」和「嘈雜」也會觸碰到他的安全界限，他有可能在派對上躲進角落直到結束，或者乾脆選擇中途退出。

毫無疑問，不管是躲在角落還是中途退出，這兩種行為在他人眼中都代表著不合群，會使高敏感孩子的社交活動產生障礙。

高敏感孩子的社交障礙主要來自兩個方面。一方面是高敏感孩子身邊的人。他們會因孩子的敏感行為而將他排除在外，任何人都不會主動邀請他參加社交活動。另一方面是高敏感孩子本身。在實際的社交活動中，如果他們的心理安全範圍被打破，他們就會對類似的社交活動產生排斥心理，再嚴重一些就會「一刀切」，拒絕參加一切社交活動。而第一種情況會加速第二種狀態的形成。

我們可以嘗試換一種思維去應對這種社交恐懼心理。既然主動社交很難，那麼我們就採取被動方式 —— 吸引力定律。

吸引力定律又叫吸引力法則，是指當一個人的思想集中在某一領域時，會吸引到跟這個領域相關的人、事、物。

小楠是一個內向與外向性格可以互相切換的孩子，在熟悉的朋友和家人面前她很外向，會主動跟朋友分享自己的學習方法和心得，和父母交流想法，在交談中很開心，眼睛裡透著光，像個小太陽一樣歡樂自在。而在不熟悉的人或者親戚面前，她又變得很內向，聚會時往往躲在角落裡，除非有人去找，否則她會很沒存在感，從不主動發言，也不想參與其中。

所以我們常常發現，人們會對同一個人有褒貶不一的評價。有人說小楠活潑開朗，善於開導別人，喜歡參加活動；也有人說小楠太內向了，總是躲在角落裡默默無言。其實小楠的狀態沒有變，只是在陌生的場合中沒有遇到和她同頻的人，所以她才會展現出內向的性格。

提到同頻，那就不得不再說一下共振。同頻共振是個物理學上的概念，簡單來講就是每一種物質都有其固有的頻率，當另外一種頻率接近這種固有的頻率時，它會產生更大的能量，振動效果也會增大。

這就是所謂的同頻共振，同樣它也適用於描述抽象的友誼。同頻的人會相互吸引，而後會產生共振的效果，就像兩個很要好的朋友，你會發現他們性格相似，做事契合度高。一對朋友如果一個內向一個外向，那他們兩個人大概都會很累，友誼之路也走不長遠。因為內向和外向本身就是不同頻的，注定無法契合。

前文提到的小楠就是如此，在同頻的人眼中，她熱情開朗，能與人順暢交談與溝通。他們在互相學習中越來越熟悉，友誼也越來越深厚。

同頻共振，同質相吸。這是吸引力定律最好的解釋。

吸引力更像是宇宙中一種神祕的力量，它讓同頻同質的人或物聚集在一起，相互之間牽扯著某種力量，互相吸引，產生共鳴。物以類聚，人以群分，也是這個道理。

小楠雖然內向，不愛主動進行社交活動，但在學校裡她用自己的方式吸引了幾個好朋友。她們是同頻的人，都喜歡看書、做奧數題，課餘時間會一起討論和交流，她們互相學習，也互相吸引，友誼的小船行駛得越來越穩。

吸引力法則可以被應用到生活當中，任何一段關係都講究互相吸引，雙方的閃光點吸引彼此靠近。友誼也是如此，朋友不是單方面的順從，而是要有自己的想法與原則。

朋友小 P 回憶，她小時候很內向，在意別人的看法，只要身邊的人提出要求，她就會無條件順從，有時為了讓對方滿意還會違背自己的心意。她想要透過這種方式融入集體，可是在別人看來她完全沒有主見，總是按照別人的要求去做，同學們都在背地裡叫她「牆頭草」，也沒有人主動找她參加集體活動。

小 P 對於交朋友是存在疑惑的，她認為自己做得很好，付出了真心卻沒有交到合適的朋友，她感到很難過。後來小 P 媽媽察覺到小 P 對社交活動比較消極，了解情況後，媽媽給了她一些建議，要想建立深厚的友誼，就需要有吸引人的地方，等自己變得優秀了，與她同樣優秀的人就會被吸引過來。

其實友誼也需要經營，朋友之間勢均力敵才能走得更遠，單方面的付出或順從並不能長久維繫這段關係。告訴敏感的孩子，與其委屈自己配合他人，不如提升自己，讓自己變得更好，吸引與自己同頻的人，學習對方優秀的地方，共同進步。

想要吸引同頻的人，就需要修練自己。孩子是什麼樣的人，他就會吸引什麼樣的人，所以要讓孩子知道自我成長很重要。

如果高敏感的孩子牴觸社交活動，那麼不妨幫他們報一個才藝班，發揮他們的特長。例如對色彩敏感的孩子可以幫他們報繪畫班，班裡的同學都是喜歡畫畫的，他們可以互相切磋，互相學習，在繪畫中交到朋友，收穫友誼。

給高敏感的孩子一個支點，讓他們看到更美的風景，遇到與自己同頻的朋友，擁抱更好的自己。

微笑是打開心扉的鑰匙

法國作家雨果（Hugo）說過：「笑，就是陽光，它能消除人臉上的冬色。」

微笑是一種無聲的語言，可以拉近彼此的距離，是人與人之間最簡單的社交方式。在社交活動中，微笑可以讓人產生好感，使溝通和交流更有效率。

一個班上有兩個幹部，一個笑意融融，說話時臉上總是掛著甜甜的笑，班裡的同學都喜歡和她一起玩；而另一個則常常板著臉，說話一板一眼，只會機械地複述老師安排的作業，同學們都不太親近她，就連作業也更喜歡交給那個愛笑的幹部。

其實那個板著面孔的幹部做事很認真，其他同學提出疑問或者遇到難題，她都會不辭辛苦地幫忙，只是性格內向、不太愛笑；此外她還有些敏感，和同學聊天時往往能感覺到對方不喜歡她，與人交流總是小心翼翼。

孩子的世界很乾淨，他們會根據直觀的感受來評價一個人。判斷一個人是否好相處，就看那個人的面部表情，笑容是最好的感情牌，好心情可以透過笑容來傳遞。

哈佛大學兒童發展中心的愛德華．特羅尼克（Ed Tronick）博士做過一個「面無表情實驗」。在實驗中，先讓媽媽和一歲左右的孩子玩，媽媽的表情生動，笑意盈盈地逗著孩子，孩子也很開心，手舞足蹈地回應媽媽。之後讓這位媽媽保持面無表情兩分鐘，這期間無論孩子做什麼都不和孩子互動。孩子很快意識到媽媽的表情變了，她開始不安，接著放聲大哭。當媽媽的表情恢復，重新有了笑容，孩子才不再哭鬧。

初為人母的朋友最近發現六個月大的寶寶跟她不親了，她很焦慮，左思右想都找不到原因。後來她丈夫對她說：「你陪寶寶時不是板著臉就是皺著眉頭，我跟你說話都要思考一會兒，怕你發脾氣，更何況是寶寶呢？」丈夫說著把鏡子遞到了她面前。

朋友看到鏡子裡的自己嚇了一跳，她將焦慮和不安都寫在臉上，眉頭緊鎖，一副不開心的樣子。她轉向寶寶，寶寶的小眉頭也皺了起來，露出不安和害怕的神情。於是朋友開始注意調整心情，用笑容面對寶寶，說話的語氣也變得歡快，寶寶很快感受到了，開始咿咿啞啞地回應，小胖手朝她揮舞，小臉蛋上也有了笑容。

育嬰專家發現嬰兒2～3個月就會有笑容，5～6個月就能分辨身邊人的表情。敏感的孩子更會注意身邊人的表情變化，感受到他們的各種情緒。孩子對媽媽的依賴程度是別人無法比擬的，若媽媽在孩子面前總是很樂觀，表現得很愛笑，那麼媽媽的正面情緒就能感染到孩子，也會對孩子產生深遠的影響。

表姐家的兒子小豪不愛笑，每次拍照時，周圍的人都讓他笑一笑，他會按照大人的要求去笑，但笑得不自然，照片一出來，親戚就會取笑他，說他笑得好勉強。小豪很在意別人的評價，覺得自己笑時不好看，被人嘲笑很不開心，漸漸地就有些自卑，越發不敢笑了。他在學校幾乎沒有笑容，給人一種很高冷的感覺，同學都不敢靠近他，也不主動找他玩。

小豪的老師發現了這個問題，於是耐心地跟他溝通，得知他不笑的原因後，老師告訴他：「每個人身上都有弱點，你要面對它，而不是逃避。老師覺得笑容只要真誠就好，發自真心的笑就是最美的。」

老師的話讓小豪調整了自己的心態，臉上的笑容多了起來，也願意主動加入團體，和同學一起踢足球。同學們看到小豪的改變，覺得他並沒有那麼難以接觸，於是也願意和他一起玩遊戲。從那以後，小豪對交朋友這件事不再牴觸。

孩子不需要隱藏自己的感情，開心就笑，難過就哭。但不要讓孩子進入「微笑謬誤」。所謂「微笑謬誤」，就是家長在日常生活中「訓練」孩子，比如見到長輩，家長會說：「看到長輩要微笑，主動打招呼。」遇到鄰居阿姨，家長會說：「快跟阿姨打招呼啊，笑得開心點。」這樣刻意地培養，會讓孩子產生誤解，以為只要面對他人就需要笑。那不開心的時候，也要笑嗎？

我曾經見過一個很懂禮貌的孩子，見到長輩會主動打招呼，可她的笑容很假，有種不符合年齡的成熟感。殊不知這樣的笑容已經失去了原本的意義。

家長要明確地告訴孩子，雖然微笑很重要，但發自真心的笑更有意義，笑代表開心、高興、快樂，當我們愉快時自然會笑。但是我們也允許自己難過，不開心的時候哭也是可以的。要讓孩子面對自己真實的感覺。

有句話說得好：「微笑是兩個人之間最短的距離。」

孩子之間的交往很簡單也很純粹，兩個孩子的友誼可能起源於一塊糖、一個擁抱、一個溫暖的微笑，他們的快樂和幸福同樣也會傳遞給我們。

微笑的力量是強大的。可以讓孩子每天給自己一個微笑，練習朝鏡子裡的自己笑一笑，簡單的動作，卻是最有效的自我鼓勵，會帶來一天的好心情。

雨果還說過：「生活就是面對真實的微笑，就是越過障礙注視將來。」

生活中難免會有坎坷和挫折，在實際的社交活動中，高敏感的孩子也會遇到很多問題，要讓他們學會對自己微笑，給自己力量去面對難題，鍛鍊他們獨自解決問題的能力，而他們的社交能力也會在這個過程中得到提升。

養育孩子就是一個逐漸放手的過程，我們看著孩子小小的身影不斷長大，他們會變得更勇敢。家長要教會他們自我調節，用微笑提升社交能力，當孩子用微笑的力量越過障礙注視將來時，他可能會自豪地說：「這是爸媽教給我的祕密法寶。」

這大概就是幸福吧！

讓孩子把關注點放在自己身上

孩子對外界感覺的表達很簡單，開心快樂就會笑，悲傷難過就會哭，這是孩子的本能。高敏感的孩子也一樣，只不過他們需要在一個自認為安全的環境下才能放開自我。當外界環境讓他們感到不安，他們就會將真實的感受隱藏起來進行自我消化；若累積的能量沒能得到完全消化，就可能引起一系列的問題。

朋友雨軒休完產假後做了全職媽媽，直到兩年後她媽媽退休，有人幫她帶孩子了，她才回到職場。工作後，她發現自己出現了社交障礙，產生了和童年時期一樣的恐懼感。

雨軒從小學開始就不願意和同學一起回家，偶爾有同學找她一起放學，都被她拒絕了。她曾經嘗試過和同學一起走，但她發現整個回家的路上都處於精神高度集中的狀態，那個同學話很多，問題更多，原本上課就很傷腦筋了，放學還要繼續集中注意力，這讓她感到很苦惱。

升到國中課業更重，雨軒變得沉默寡言，不想再說多餘的話消耗精力，每一次談話都會消耗她所有的能量，需要休息好一會兒才能緩過來。她的這種狀態被媽媽知道了，她媽媽說：「不要因為和人聊天感到累就拒絕所有的交流，你可以在覺得累時打斷對方，告訴她自己的感受。真正的朋友會體諒你的。」

後來雨軒才知道，她媽媽早就聽說了她的「怪異行為」，她學習成績很好，尤其是語文，寫文章很厲害，但大家都說她是個只會學習的怪胎。在聽到這些傳言時，起初她媽媽並沒有在意，因為她發現女兒的心態很好，沒有被外界的評價影響，即使一個人回家也很開心。但後來她媽媽覺得事情有了變化，女兒臉上的笑容越來越少，整個人的狀態都不對了。

雨軒是個內向的高敏感孩子，上國中時有社交恐懼症，認為生活中很多社交活動都是無用的，完全可以拒絕。但後來她發現自己慢慢失去了對生活的熱情，從前是不願意社交，而現在變成不能了。和人交流時注意力很難集中，而且心跳加快，還會出現說話口吃的現象。

人類需要群居生活，社交活動是生活中必不可少的一部分，完全排除是不可能的。高敏感的人在與人交流時或許會有這樣的情況：精神高度集中，想要聽清對方的每一句話，實際交談過後會感到精神疲憊，像是打了一場硬仗；好想快點結束這次談話，但又不好意思打斷對方；冥思苦想一個話題，還要找合適的時機說出來，這個過程太揪心了；對方說話很囉唆時會不自覺地皺眉頭，想要對方說重點，卻又怕對方不開心而默默忍著。

在社交活動中，高敏感的族群很會為對方考慮，常常忽略了自己的感受，或是將自己真實的感受隱藏起來。這讓他們自己也很不舒服，這時不妨換一種思維，把注意力放在自己身上，考慮自己當下的感受。

就像雨軒媽媽說的，在交流中如果感到很累、精神緊張，那麼就說出自己的感受，讓彼此都休息一會兒；或提前結束談話，把話題暫時擱置在一旁，等時機合適了再討論。

雨軒在媽媽的幫助下不再糾結，她開始嘗試改變，適當參與社交，也和同學一起上學，當她感到很累時，就告訴對方：「我們先不說話，就這樣靜靜地走一會兒，感受下大自然的微風。」思維方式轉變後，雨軒不那麼累了，也交到了真心相待的好朋友。

兒童的社交恐懼問題最好在童年時期解決，否則它會如影隨形，一路尾隨到成人時期。

雨軒在生產後再度出現社交恐懼症是因為長時間與社會脫節，近三年的時間都只跟寶寶交流。重回職場後，她來到一個新的公司，各方面都在熟悉中，加上她又具有高敏感特質，很在乎別人的看法，所以要花費更多的精力去適應新的環境。在與同事交流時，她需要注意力高度集中，但總是不自覺地想到別處，有時大腦一片空白，有時甚至會感到眩暈。這種症狀只有在她獨處的時候才能好一些，所以她從不和同事一起吃飯，總是獨來獨往，似乎再一次回到了童年陰影的籠罩中。

這一次雨軒的媽媽依然給了她鼓勵和支持，讓她把注意力放在自己身上，不要去考慮別人的感受。只有自己感覺舒服，工作起來才更有效率。

不得不說，在孩子的成長過程中，母親的影響是深遠的。

高爾基（Gorky）曾經說過：「世界上的一切光榮和驕傲，都來自母親。」

如果高敏感兒童出現社交障礙，認為與人相處太累、耗費精力和時間，那麼就讓孩子停下來等一等，用共同的目標和方向去引導孩子交朋友。如果孩子能找到同頻的朋友就更好了，同頻意味著兩個人之間有相似的地方，相處起來也會更開心。

與其他小朋友相處時，讓孩子把關注點放在自己身上，過濾掉那些讓自己不愉快的，只保留讓自己舒服的部分。試著讓孩子做一些簡單的交流，比如向小朋友借橡皮擦、向服務生要一壺花茶、跟鄰居阿姨說謝謝，等等，逐步改變孩子排斥社交的心理。

一步步引導孩子接受正常的交往，如果覺得不舒服，就跟爸爸媽媽說出來，大家一起找問題，再一起解決。告訴孩子自己的舒適度很重要，只有自己舒適了，才能在社交活動中獲得快樂。

玩遊戲可以縮短彼此的距離

《朋友還是敵人：兒童社交的愛與痛》中提到：「學習玩耍對孩子十分重要。玩耍是童年的真諦，它影響著兒童的精神健康。既是工作，也是娛樂。」

愛玩，是孩子的天性。在玩耍時，孩子會感到身心愉悅。它可以幫助孩子趕走悲傷和難過，也可以讓孩子拓寬交友圈，縮短孩子之間的距離。

當孩子在玩時，不要隨意打斷，如果不想讓孩子玩太長時間，可以事前定好規則，約定的時間一到，孩子就要回家。這樣既可以培養孩子的時間觀念，也可以讓孩子感到自己被尊重。

內向型的高敏感孩子大多不主動參與社交活動。在班級自由活動的時間裡，他們大多會獨自一個人看書，或站在角落裡默默看著，如果有人邀請，他們也不會拒絕。在交往過程中他們大多處於被動狀態，而且會有一個安全的心理距離。如果對方表現得過於積極，那麼他們有可能會感到壓力，不想讓關係持續下去。

但當內向的高敏感孩子受到邀請、跟別人一起玩遊戲時，他們也會像一般孩子一樣感受到快樂和幸福，所有的煩惱都一掃而空。

遊戲具有神奇的魔力，它可以讓孩子找到快樂的泉源。透過遊戲，孩子們可以建立彼此之間的連繫，完善一段親密關係。遊戲可以驅散悲傷的情緒，讓人朝正能量的方向前進，這被稱為「遊戲力」。

培養高敏感孩子的遊戲力，相當於讓他們學會了一個自我治癒壞心情的方法，簡單不複雜，快樂又有效。

朋友的孩子小旭有一天回到家就把自己關進屋子裡，他媽媽很擔心，於是向老師詢問情況。小旭在班上比較沒有存在感，因為不愛說話，也不主動舉手回答問題，是一個比較悶的男孩，在同學眼裡不好相處，同學們不願意碰釘子，出去玩也不會想起他。這天他們全班一起玩捉迷藏，小旭也參加了，他藏起來等著同學找，可是等啊等，盼啊盼，始終沒有同學來找他，直到放學鈴聲響起，小旭回到教室才知道，原來同學們忘了他。

小旭很不開心，好不容易鼓起勇氣和同學們一起玩遊戲，竟然被同學們忘了。他覺得同學們都不喜歡他，再加上平時班裡的閒言碎語，所有傷心事一齊跑進了他的小腦袋瓜，他覺得難過極了。

了解了小旭難過的原因，小旭媽媽決定讓孩子的爸爸出面。小旭爸爸帶著小旭來到足球場，對他說：「痛快地踢一場，盡情玩，什麼都不要去想。」於是父子二人歡快無比地踢了一場足球賽。

親子足球賽結束後，小旭的心情果然變好了，小旭的父母開始引導他說出心裡的感受，並作出建議：馬上過生日了，找幾個要好的夥伴來家裡，大家一起聚餐，玩遊戲。小旭並沒有反對，於是聚會如期舉行。

在聚會中，小旭媽媽提議讓孩子們猜字謎，一個比劃一個猜，猜對有獎。小旭被小夥伴帶動起來，主動提出去比劃，而且完成得非常好。類似的遊戲在今後的生活中也玩了幾次，漸漸地小旭變得愛說話了，狀態一天比一天好，在學校敢舉手發言了，同學們對他的漠視感也逐漸消失了。

高敏感的孩子並不是不喜歡社交活動，如果在社交活動中受過傷害，他就會本能地拒絕。對於觸碰了他們安全底線的活動，他們要退出去才會有安全感。家長和老師需要注意觀察，一旦發現孩子對社交活動有牴觸情緒，就需要第一時間做出反應，用合適的方式給他們一個正確的引導。

遊戲的力量是很強大的，小旭的父母透過遊戲使小旭的負面情緒得到轉化，透過「玩」讓孩子掌握處理情緒的方法，CP值真的太高了。

下面推薦幾個遊戲給大家，可以提高高敏感孩子的遊戲力，為他們的社交活動提供幫助。

親子遊戲

父母是孩子建立一段關係的起點，是親密關係的重要組成。親子遊戲很重要，它可以增進親子關係，讓孩子更自信和勇敢。

很多家長一提到和孩子玩遊戲就很頭痛，覺得孩子的遊戲很幼稚，大人怎麼能參與進去呢？下面讓我們聽一聽這幾位受訪者的心聲吧！

「一個曼哈頓球我女兒都能玩一小時以上，我太忙了，哪有時間陪她啊。」

「我是大人了，怎麼能和孩子玩到一起去呢？」

「小孩子的遊戲太無聊了，我兒子玩手掌大的小汽車模型都可以超過三小時，他不覺得沒意思嗎？」

在培養孩子遊戲力的過程中，爸爸和媽媽參與的重要性是一樣的。想讓敏感的孩子不排斥社交，爸爸媽媽就應該陪孩子從小一起玩遊戲，在遊戲中學會成長。

在幼稚園和小學教育中，親子遊戲已經被應用得很全面，學校會要求孩子和父母一起完成某項任務、一起做某種遊戲、一家三口一起完成一個表演等等。在親子遊戲中成長的孩子會更有安全感，自信心也會更強。

做一天小主人

這個遊戲以孩子為主導，旨在鍛鍊他們的責任心和使命感。

孩子早晚都要離開家庭，脫離父母的庇佑，自己長大。當孩子的遊戲力打下堅實的基礎後，父母就要學會放手，開始培養孩子的獨立性，不過分參與到孩子們的遊戲中，不要讓「溫柔的注視」帶給孩子無形的壓力。

在小主人遊戲裡，孩子可以邀請小朋友到家裡來，不必熱鬧，溫馨即可，讓敏感的孩子不會產生緊張感和壓迫感。

提前讓孩子做好準備，計劃好聚會做什麼遊戲、吃什麼點心、喝什麼飲料，而家長只需要出去採買，並幫助孩子布置現場就可以了。遊戲開始時家長要主動避讓，把空間留給孩子們，讓他們感到自由。敏感的孩子也會在遊戲中變得合群、有集體榮譽感，就像上述案例中的小旭，在學校也願意主動回答問題了。

人生的道路終究還是要靠孩子自己走下去，我們要做的不是幫他們安排好一切，而是要適當地放手，讓他們學會自己做主。這樣在今後的各種社交活動中，孩子們才能應對自如。

小管家遊戲

和父母完成親子遊戲，和小夥伴完成小主人遊戲，接下來可以鍛鍊孩子與陌生人交流。當然這一切都要在確保孩子安全的前提下進行。

小管家遊戲，顧名思義，是讓孩子做一天的家庭小管家，可以鍛鍊孩子的人際交往能力，還能讓孩子學會儲蓄，擁有最基本的理財觀念。

這個遊戲建議在孩子十歲左右時進行，這時的孩子對金錢有了初步的概念，可以在家長的監護下完成一些簡單的交易。

具體的遊戲內容是，給孩子一千塊錢（可根據家庭情況制定合適的數額），讓孩子安排這一天的家庭開銷。從一日三餐吃什麼、去哪買，到怎麼交易、記帳，都靠孩子自己完成。在這個過程中，家長需要跟在孩子身後保證他們的人身安全，鼓勵他們和遇到的陌生人交流。一天結束後，家庭成員點評小管家，小管家最後做出總結，遊戲方可結束。

對於新鮮的事物，孩子是很容易產生興趣的，家長需要做的就是用興趣和愛好吸引他們玩遊戲，讓他們在享受中獲得人際交往能力，正所謂一舉兩得。

最後介紹大家一個正面心理學的新生概念 —— 心流時間，是指一個人全神貫注做一件事情時忘乎所以的狀態。「心流」這個概念由神經科學家瑪麗安．戴蒙德（Marian Cleeves Diamond）提出，她認為：「當孩子沉浸在最新的遊戲中時，他們會高興得忘記所有煩惱。而伴隨這些感受而來的強烈內在動機，能夠指導他們去努力、學習和追求成就，這種影響無法以任何其他方式實現。」

遊戲時間就是孩子的心流時間。現在請努力去開發孩子的遊戲力吧！

眞心和誠實在兒童人際交往中不可或缺

從孩子的角度看世界，世界更像是一個巨大的潘朵拉盒子，充滿了無限的期待和憧憬。孩子們的心是純真善良的，笑容是燦爛陽光的。他們是這凡塵俗世中最可貴的天使，每一個孩子都值得被珍視，他們柔軟的心更需要被守護。

可在現實生活中，孩子在與人交往時會遇到許多問題，尤其是高敏感的孩子，他們經歷的坎坷和磨難會更多，也更現實。

人們的偏見與誤解會放大他們身上的敏感特質，這會影響他們的心理健康。

敏感的孩子常常待在自己的安全區，就像是縮在洞裡的人，替自己造一個保護殼。他們拒絕社交，不去公共場合，也不和陌生人說話，久而久之就會處於社交恐懼的狀態中。

親戚家的小蕾一度對陌生人感到害怕，和陌生人說話時會感到緊張焦慮，心跳加快，臉也會瞬間變紅。新學期開學，她成了一名國中生，在新學校面對新同學讓她感到很痛苦，甚至在課堂上次答老師問題時都會雙腿發抖，緊張到嗓音發顫。

小蕾從小學開始隨父母輾轉於幾座城市，中間換過三所學校，上國中時搬回了老家，這個時候她已經出現了社交恐懼的症狀。在公共場合會緊張不安，陌生人跟她說話時，她會條件反射地後退一步，低下頭不敢直視對方的眼睛，有時甚至連聲音都發不出。在新學校面對陌生的同學，為了快點融入集體，她不惜說謊，稱自己住在市區的樓房裡，而且房間很大。為了圓這個謊言，她每天放學和幾個住在市區的同學一起騎車「回家」，和她們分開後再騎車返回學校，繞一大圈才能回到自己真正的家。

結果謊言很快被識破，小蕾成了班上的謊話精，沒有人願意和她玩，她也被小團體排除在外，同學們有意無意地孤立她、無視她。漸漸地，她開始不願意去學校，整天哭著讓父母搬家，要求換一個學校上學。

小蕾的社交恐懼心理的形成源自多個方面。

第一，小蕾自身的高敏感特質。她格外注重別人對她的評價，老師說一句話會讓她思考很久，對別人的情緒感知敏銳，在乎他們的想法。

第二，不穩定的居住環境。小蕾從小學起就經常換學校，對新環境的適應性差，不安和恐懼的情緒無法發洩，只能集聚在心底，長時間的壓力使得心理出現問題。

第三，父母沒有教孩子正確的交友觀，甚至在孩子面前「表演」兩副面孔。小蕾的爸爸是生意人，有時會對別人阿諛奉承，說一些與實際不相符的話，做了錯誤的示範。

第四，父母因為忙碌忽視了對孩子的教育，讓孩子形成了錯誤的價值觀，同時對孩子不夠關心，讓孩子長期處於不安中，只能自己消化負面情緒。

小蕾從小就有一種不安的心理，對於新的環境和陌生人會感到焦慮，不敢主動和別人說話。來到新學校，有同學主動與她交流，她為了不失去這個交朋友的機會，謊稱和他們一樣都住在市區，沒想到弄巧成拙，遭到同學們的孤立。

小蕾的奶奶知道了這個情況，她將小蕾接到家裡，積極開導小蕾，並帶她去看心理醫生。根據心理醫生的指導，利用系統脫敏法幫助她一步一步走出對社交的恐懼。接著教導她正確的交友觀，告訴她交朋友是講究緣分的，不必讓所有人都喜歡自己，找到適合自己、志同道合的朋友最重要。而在交朋友的過程中，真心和誠實是最不可或缺的。

《禮記．中庸》有云：「唯天下至誠，為能盡其性。」意思是只有天下最真誠的人才能充分發揮自己的本性。

在兒童的人際交往中，真心和誠實不可或缺，要時刻保持這種意識，以誠待人，用一顆真心靠近另一顆真心，才能獲得真正的朋友。

高敏感的孩子在沒有被正確引導前，或許會因為敏感行為造成他人誤解。他們為了融入集體，會隱藏自己的「敏感」，甚至用謊言去包裝自己。小蕾的做法是錯誤的，這樣換來的友誼只會轉瞬即逝。家長要告訴孩子，生而敏感並不是一種錯，那些小敏感是具有無窮潛力的寶藏，在等待著有一天能夠被發現。

總有一天，敏感的孩子會遇到一個人，那個人會成為他的朋友，包容他的一切，也包括敏感的部分。也有許多人會為他感到驕傲，爸爸和媽媽就是其中之一。要保留一顆真心，真誠地對待周圍的人，相信他們感受得到，並珍惜這份誠意。家長要善於發揮孩子的共情能力，讓他們用真心和誠意和朋友相處，互相幫助，共同學習進步。

人生的道路很長，孩子未來要面對的世界是廣闊的。在人際交往的汪洋大海上，要以真心為帆、誠實為舵，不要擔心犯錯，家長要接納和包容，鼓勵孩子及時改正錯誤，朝著正確的方向繼續航行。人與人之間只有真誠相待，才能成為真正的朋友。讓孩子從小與真誠相伴，學會承擔責任，用一顆真心去對待身邊的每一個人。

卡內基（Dale Carnegie）曾經說過：「一個人之所以成功，其專業知識的作用占 15%，還有 85%則是他們的交際能力。」

人際交往能力在生活中產生的作用舉足輕重，孩子待人接物的能力應該從小培養。心理學家說，人際關係的好壞會直接影響孩子的心理健康。尤其是高敏感孩子，他們更容易進入人際交往的迷思，所以培養他們的人際交往技巧就顯得格外重要。

敏感的孩子心思也更細膩、更柔軟，願他們都能找到最適合自己的人際交往方式，收穫屬於自己的快樂和幸福。

第八章

讓敏感成為孩子的獨特天賦

教孩子合理發揮共情能力

你的孩子或許會有這樣的行為：

同理心氾濫，當別人犯了錯時，自己反而先哭出來；容易被感動，看個卡通片也能哭；

養了很久的小動物死了，會哭一週以上，持續難過很長時間；

能感知父母的心情，當爸爸媽媽難過時，會上前安慰；

遇見別的小朋友碰到難處了，總想去幫忙，儘管他並沒有被求助；

爺爺和奶奶因為小事吵了一架，孩子馬上小聲問媽媽，是不是因為他不乖，所以他們才吵架。

高敏感兒童的共情力很強。合理的共情力能讓孩子成長，不合理的共情則會影響孩子的情緒，帶給生活困擾。

共情力，眾所周知是高敏感族群與生俱來的能力，他們能感知到他人的情緒，能設身處地感受他人的處境。人本主義的創始人羅傑斯（Rogers）最先提出了「共情」這個概念，後來被廣泛應用在現代精神分析中。

高敏感的孩子很容易感知到他人的情緒，當周圍的人感到開心、幸福時，他們的心情也會很愉悅。一旦身邊的人悶悶不樂，會連累敏感的孩子也情緒不佳。

舉個例子來說明，各位家長朋友或許會更容易理解。

幼稚園的老師做理財賠了錢，心情不好，早上站在班級門口時有些心不在焉，臉上沒有笑容。小朋友走進教室時紛紛跟老師打招呼，老師都沒有回應一個笑容，平時溫和的問候也沒有。孩子們帶著不同的心情來到教室：一般的孩子不會在意，他們只顧著自己玩，或是和其他小朋友一起看繪本、玩積木。有些女孩子心思細膩，會關心老師怎麼了，好像有些不高興。而高敏感的孩子想到的問題就多了，他們會第一時間察覺老師不開心，發現老師沒有像昨天那樣拍拍他的肩膀，也沒有溫和地跟他說早安，接下來回到座位就有些魂不守舍，左思右想，覺得老師是因為他不開心，開始回憶他做錯了什麼才令老師情緒低落，到了晚上，孩子斷定老師不喜歡他了。

不只是高敏感的孩子，成年人也會有這樣的情況。在公司，一起共事的同事沒有跟他打招呼，在他面前走過時沒有表情，他就會認為同事不喜歡他，對他有看法，繼而反思自己的行為，反覆思考自己哪方面做得不好。

瞧，敏感的孩子或大人能很快地察覺周邊人的情緒，感知他們的痛苦。在感同身受的同時，自己的情緒也會跟著不好，接著開始反省，認為是自己的過錯導致他人出現負面情緒。

此外，不合理使用共情能力還會讓孩子陷入危險的境地。

不知大家是否遇到過這樣的事情，神情疲憊的老奶奶站在路邊，遇到年輕的女孩就跟她說自己好幾天沒吃飯了，想要點錢買點吃的，而老奶奶的兒子就站在不遠處看著。成年人會心生警惕，不去理會或帶他們去找警察，可孩子卻不知道。我的一個朋友 W 就遇到過，她沒有理會，但女兒西西卻同情心氾濫，覺得老奶奶好可憐，一定要 W 去買吃的。回到家之後還對老奶奶念念不忘，擔心她是否有地方睡，穿得是不是暖和，會不會餓著肚子。

我們常常教導孩子要尊老愛幼，有愛心和同情心，要學會幫助他人。這一點小孩子都能做得很好。但在魚龍混雜的社會中隱藏著一些壞人，他們別有用心，利用小孩子的同情心去傷害他們，造成不可挽回的嚴重後果。尤其是高敏感的孩子，他們的共情力更強，面對他人的求助，他們難以拒絕，如果不施以援手的話，他們會覺得心裡不舒服。

因此家長要教會孩子要有自己的判斷力，在保證自己安全的前提下幫助有需要的人。

W 就藉著老奶奶的機會幫西西上了一課。她告訴西西，老奶奶有自己的兒子，他們都是成年人，會自食其力，可以工作賺錢，如果他們向小孩子求助，讓小孩子買東西給他們吃，那麼就不能答應。大人都解決不了的事，小孩子就更沒有辦法了。W 還告訴西西，可以讓老奶奶去找警察叔叔，警察叔叔會幫助她的。

這種防禦式教育一定要從兒童時期做起，不能讓壞人有利用高敏感孩子共情力的機會。

由此觀之，教孩子合理發揮共情能力很重要。

首先，父母需要言傳身教，為孩子樹立一個榜樣。想要孩子發揮共情能力的優勢，家長請先提高自己的共情力，和孩子一起成長。美國當代著名的心理學家亞伯特·班度拉（Albert Bandura）認為：「兒童社會行為的習得主要是透過觀察、模仿現實生活中重要人物的行為來完成的。」

父母要對自己的孩子足夠了解，熟悉孩子的思考方式和行為習慣，這樣才有可能對孩子的心情感同身受。父母提高共情能力，能讓他們體會到孩子的感受，孩子也會感覺到父母和他站在同一陣線，更容易產生依賴感和安全感。

其次，用陪伴和愛去澆灌，加深孩子對共情力的理解，不要讓他人的負面情緒影響到自己。

在受到外界的情緒影響時，要孩子了解這種情緒從何而來，自己到底在難過什麼？接著問自己，別人的負面情緒是否與自己有關。告訴孩子不要因為他人的負面情緒而苦惱，我們沒有必要對別人的負面情緒負責。

高敏感孩子的情緒會受到外界環境的影響，環境惡劣時，他們就會受到干擾，會不受控制地去想。比如爸爸媽媽吵架了，敏感的孩子會想是不是自己做錯了事。孩子會覺得沒有安全感，自己的情緒也受到影響，變得不開心也不愛交際。

這個時候就應該讓他們培養一種思考習慣。先去了解周圍的人出現的負面情緒，再去思考是不是自己的原因。如果不是，那麼可以遠離，看不到別人情緒的臉譜，共情感自然會減輕。

要讓孩子知道，他們沒有必要為別人的負面情緒買單。

最後，鼓勵孩子去交友，提高社交能力，教會他們善良地對待周圍的人。同時也要提防壞人利用孩子的同理心，應該讓孩子從小就學會自我保護。

孩子的善良也需要有些稜角，要學會說不，拒絕令自己感到不舒服的要求。

當孩子被他人的負面情緒困擾時，要讓孩子轉移注意力，將關心的重點放在自己身上，不要讓孩子將精力和時間浪費在自我懷疑上。

合理發揮共情力，可以減少高敏感孩子的內耗，培養較高的同理心，用真心對待身邊的朋友，獲得真正的友誼。

為了理解和幫助身邊的人，高敏感的孩子會站在對方的立場看待問題。到最後我們會發現，很多問題和困擾都迎刃而解，高敏感孩子的世界也得以擴展，他們更善良、更勇敢、可以幫助更多的人。

這讓孩子們進入了一個新的世界，人生更加豐富多彩，樂趣也增加了很多。

這就是共情的力量、可以讓高敏感的孩子實現轉化的力量。

發掘孩子的敏感力

「敏感力」這個詞讀起來似乎有一些正能量的成分，會讓人產生好感。如果是不了解高敏感的人聽到了，會認為這是一種誇讚，是人身上的優點，就跟堅強、勇敢、樂觀一樣，是個褒義詞。

但是高敏感族群知道，從「敏感」走到「敏感力」，這中間相隔千山萬水，途中道路也坎坷不平。

美國心理學家伊萊恩．阿倫在《孩子，你的敏感我都懂》中提到了敏感力，她透過研究得出一種結論，高敏感族群的正面心態就叫做敏感力。她說：「接受優質方式養育的孩子，因為置身於較好的環境裡，會比其他孩子有更正面的發展。」她還說：「敏感的孩子不只比非敏感的孩子容易被不良環境影響，也容易被好環境影響。」

敏感力是正面的心態，是一股向上的力量。當然，我們要發掘敏感孩子的敏感力，並不是要求他永遠正面樂觀，將所有不好的敏感行為都刪除，只保留好的、優秀的部分。我們要看淡那些不好的，重點開發優秀的一面。

打個比方，敏感孩子的行為不分好和壞，只是大家認為「壞」的部分會對孩子的未來產生影響。我們可以將敏感孩子的行為用「凹」和「凸」區分開，「凹」代表內向害羞，在乎別人的評價，內心敏感；「凸」則表示心思細膩，做事認真，在藝術方面有天分。很多家長在發掘孩子敏感力時想要把「凹」填平，或者將「凹」下去的部分強行拽出來，最後變成「凸」，這是不可行的。把「凹」填平，孩子會感覺壓抑、沉重，內心極度不舒服。

我們要追求孩子原本的樣子，淡化敏感的地方，不要讓孩子迎合、順從父母，最後失去自我，形成虛假自我。

我遇到過一個「孩子」，名字叫珍妮，之所以用「孩子」這個詞來形容一個同齡人，完全是因為她是個媽寶女，凡事以媽媽為主，做任何決定都要考慮媽媽是否同意，會按照媽媽喜歡的方式生活。

珍妮心思細膩，是周圍人情緒的「晴雨表」，很會看人的眼色過日子。當別人生氣時，她會害怕，做事也戰戰兢兢，小心翼翼地保持距離。當別人高興時，她做起事來也得心應手，一旦別人出現負面情緒，她也會跟著一起傷心難過。在公司，她是出了名的牆頭草、老好人，沒有自己的立場，很容易受他人擺布，從不會拒絕別人。

這種情況從童年時期就開始了，珍妮說，她媽媽和她一樣敏感，她媽媽小的時候經常被人說是異類，因為敏感的行為受了不少傷害。為了保護珍妮，她媽媽很注重孩子的成長，認為自己的關懷式教育沒有問題，她尊重孩子的想法，所有決定都讓孩子自己做。

但珍妮說，在她做一件事時，媽媽總是在一旁看著，雖然沒說什麼，但她還是會按照媽媽的喜好去選擇，會不自覺地順從媽媽的心意。因為她們朝夕相處，她早已經知道做什麼能讓媽媽開心。

如果父母有一方是高敏感族群，在養育孩子的過程中難免會出現過度介入和關心的情況，呵護過度，超出了孩子的安全距離。他們認為自己和孩子同樣屬於高敏感族群，孩子經歷的痛苦他們也曾經歷過，他們更能夠理解孩子的苦惱。他們或許在兒時不被理解，沒有選擇權，也不敢說出內心真實的想法和感覺，等他們長大後有了自己的孩子，而這個孩子恰好和他們同樣敏感，那麼他們發誓要尊重孩子，注意孩子的感受。但實際上，在他們注視著孩子時，孩子會有壓力，會主動朝父母喜歡的方向改變想法，最後失去自我。

當孩子被過度關注時，他們會感到壓力。壓力的來源就是父母，父母就算什麼都不做，只是在一旁默默看著，這種行為也會造成無形的壓力。

這樣做的結果就是，敏感力沒有被轉化，反而培養出一個媽寶。

很多人會感到迷惑，敏感力到底要怎樣才能得到轉化。其實，當下的一切就是最好的安排，也是舒服的狀態，不要過度壓抑高敏感孩子的天性，也不要強行改變，不妨讓他們順其自然。畢竟對於孩子來說，只要身心健康，快樂地長大，就是很完美的一個狀態了。

隨著高敏感概念的普及，人們已經逐漸改變了對高敏感族群的看法，不再認為那是缺陷，而把它看作是一種能力，也就是我們所說的敏感力。

不要過分執著於提升，也不用糾結困難重重的事，做不好或難以改變的事情就放下，看淡看輕、不去理會。著眼於當下，做好每一件哪怕是很小的事。把那些可以讓自己心情愉悅的事情安排好，開發目前已有的敏感力。

在關心高敏感孩子的敏感力轉化之前，家長也要關注一下自己心中那個同樣需要守護的孩子。擁抱童年時期的自己，和之前的種種不如意和解。那些曾經因為敏感而受到的傷害都已經成為過去，放下過去也是放過自己。當你不再糾結的時候，敏感力就已經形成。

父母先要呵護好自己敏感的心，再去關愛高敏感的孩子。

當我們孕育了一個新生命、成為父母的時候，總是想要嚴格要求自己，一定要做個優秀的爸爸或媽媽。必須要對孩子負責、愛孩子、守護孩子。讓我們換一種表達方式，作為父母，我們是新手；作為孩子，他們是新生命。我們和他們所要面臨的世界都是陌生且充滿挑戰的，我們都沒有經驗，也會迷茫，也會害怕。與其說是養育孩子，不如說是和孩子一起學著長大。我們互相幫助，在一次次的探索中前進，一起發現問題、解決問題。

孩子很敏感，渴望依靠，希望得到很好的照顧。我們同樣也有一顆柔軟、火熱的心。不必去追求最好，只要做好當下最合適的事情就夠了。

放棄世人認定的好的方式，不去理會外界的評價，選擇一個適合自己和孩子的成長方式，陪著孩子一起成長，快樂地度過這一生。

敏感力的轉化沒有既定標準，適合孩子才是唯一的準則。讓敏感的孩子找到最舒服的狀態，引導孩子朝著正能量的方向前進，到那時自然就會發現孩子的敏感力了。

轉化的祕訣不是「菁英綁架」

作為家長我們應該都有過這樣的思考：在提供孩子最優質的教育環境的同時，到底要不要嚴格要求孩子德智體群美全方面發展？是否要以學習成績去評判一個孩子的好壞，是不是需要制定一個標準讓孩子完成？

在養育孩子的過程中，需不需要將自己的價值觀施加到孩子身上？如果我們的信念會對他們產生影響，那麼我們想要達到什麼樣的程度、滲透多少的影響？

隨著時間的推移，人們對於高敏感的認知也越來越深刻。現在我們已經知道，高敏感是與生俱來的氣質，是一種天賦，想發揮敏感力的優勢作用，需要從兒童時期就開始「訓練」，實現高敏感能力的轉化。

然而很多人對於高敏感的轉化有個誤解，認為一切改變和轉化都是為了世俗意義上的成功。

高敏感的孩子有很多天賦，比如觀察力敏銳、共情能力強、感官靈敏度高、做事認真等，父母在肯定這些優勢的同時，也希望他們改變那些容易引起外界質疑的「小缺點」，比如內向、敏感、做事猶豫等。在發揮天賦的基礎上替他們制定更遠大的目標：由普通轉變成優秀，再由優秀轉變成菁英，用培養菁英的標準來衡量孩子的進步，形成了一種「菁英綁架」。

小 H 從小就在媽媽高標準的教養下長大。他心思細膩，對數字很有天賦，在數學上展現出了天才的一面，一度跳級去讀了大學。同時他又存在高敏感的一面，沉浸在自己的世界裡不願意交際，做事不果斷，選擇困難，行為有些怪異。

一次偶然的機會，小 H 的媽媽參加了一個關於高敏感心理學的講座，聽完後恍然大悟，原來小 H 那些「異樣」行為都是正常的，如果能培養孩子好好發揮，他就能有更好的發展。

於是小 H 的媽媽替他精心制定了菁英培養計畫，用一個詞概括就是：揚長避短。發揮熱愛學習、做事認真嚴謹、思考問題全面、心思細膩、共情力強的優勢。改變喜歡獨處、做抉擇時猶豫的缺點。最關鍵的一點是小 H 屬於內向型，而他媽媽認為外向性格更符合菁英的標準，於是便著重改造小 H 的性格。

從那以後，小 H 開始了苦不堪言的生活。他不斷壓抑自己的情緒，可負面情緒已經到達了臨界點，終於在考試前崩潰了。他是班裡的優等生，當班導察覺到他情緒的波動，第一時間跟他溝通。

小 H 媽媽這種「菁英綁架」式的教育讓孩子進入了一個迷失自我的黑洞。面對母親，孩子不得不強行改變，違心而行，長期壓抑自己的情緒，最後不堪重負、情緒失控。

萬幸的是小 H 遇到了一個負責的班導。這位班導也是高敏感人格，因為她也曾遇到過類似的事情，所以很理解小 H 的心情。班導找到小 H 媽媽，告訴她小 H 喜歡獨處並不是孤僻和不合群，是因為他更需要深層次的交流。比起和同學一起玩，不如用奧數競賽來維護友誼。強行改變只會讓他崩潰。

這種「菁英綁架」式的教育容易讓孩子為自己戴上一個面具，找不到真我，繼而迷失在假我當中。

心理學有個概念叫「人格面具」，是心理學家榮格提出的。他指出「它是一種假自我，是一種我們對自身的理念的集合，是我們和周遭環境互動中形成的妥協。」

高敏感兒童在被教養的過程中，被強制吸收了許多外界的期許和壓力，這些期許和壓力很大一部分來自父母，這對他們人格的形成有很大的影響。父母將他們認為的「菁英」孩子的標準施加到高敏感的孩子身上，孩子為了達成標準讓父母高興，會將真實的自己藏起來，塑造一個面具外殼保護自己，相當於自我保護中的防禦機制。

通俗一點解釋，假設一個孩子是「行動處如弱柳扶風」的性子，可家長覺得外向性格好，強行要孩子改變，要「動如脫兔」般活潑。為了達到家長的標準，孩子會將內向藏起來，故意表現出活潑的面具。內向是真我，外向是假我，是為了適應環境而做出的防禦。敏感的孩子內耗比一般孩子嚴重，他們多思多慮，越不按照自己的本心去做就越累，久而久之就會出現負面情緒，形成心理問題。這就是人格面具朝劣勢方向發展的結果，真我與假我不想融合，甚至出現排斥現象。

也許孩子最後真的轉變成了大眾普遍認知的「菁英」，但孩子的心受傷了，他們的思維和心靈長時間超負荷運轉，做了許多與真我相悖的事情。他們雖然成了別人眼中的「菁英」，但卻失去了最寶貴的自我。而他們原本想要的，不過是活成最舒適的狀態。他們渴望能夠讓真我走出塵封的心，打破那個不被自己喜歡的假我。

與其讓孩子成為菁英，不如讓他們做自己，尋找屬於自己的價值。

我一直認為，一般孩子也好，高敏感孩子也罷，每一個孩子都是渾濁塵世中的一個精靈，他們各有千秋，各自在自己的人生中摸索著前進。

每個孩子都有屬於自己的時區，或許很慢，或許很敏感，但都在努力地探索這個未知的世界。世界對他們來說是新鮮的，他們的未來也有著無限的可能性。不要用菁英的框架去束縛他們的成長，也不要將他們原始的靈性磨平，要給他們一個相對自由的空間，讓他們自由自在地尋找真正的自我和價值。

菁英的確很好，但對於高敏感的孩子來說未必合適。能讓孩子快樂成長的，才是最好的。

哲學家雅斯培（Jaspers）說過：「教育，就是一棵樹搖動另一棵樹，一朵雲推動另一朵雲，一個靈魂喚醒另一個靈魂。」

不要壓制孩子的自我，要做一朵雲，去推動他們，努力喚醒他們與生俱來的天賦，激勵他們實現自我成長。

這才是高敏感轉化成優勢的祕訣。

快樂永遠是幸福的關鍵

對於孩子來說，快樂的童年更像是一個五彩斑斕的世界。而具有高敏感特質的孩子獲得快樂的道路有些蜿蜒曲折，還有點小坎坷。而這些小坎坷也常常來自他們的高敏感行為。他們比一般孩子更容易陷入困境，更容易被情緒困擾。

有些高敏感的孩子不被人理解，經常因為高敏感的行為被家長或老師「修理」，他們的內在感覺被壓抑，這樣的孩子往往並不快樂。

小佳在別人眼裡是個「奇怪」的孩子，家庭聚會時表現得很安靜，乖巧懂事，但是和別的孩子不太一樣。別的孩子會一起玩遊戲，聚在一起討論學校的趣事，但小佳從不參與，總是靜靜地坐在一旁。等家宴開始時，她又表現得與眾不同，在眾多親戚的孩子裡，她總是第一個表演節目，有時會背誦一首詩，有時會唱英文歌。每次表演完，親戚都對她讚不絕口，她的媽媽更是開心，眼神中流露出滿滿的自豪。可小佳的表情總是淡淡的，平淡地在眾人的掌聲中鞠個躬，回到媽媽身邊坐下，自始至終乖巧懂事。

小佳雖然是別人眼中的好孩子，但她並不開心，在生活中幾乎感知不到快樂。原因出在她的家庭教育，逼迫她將自己的內心隱藏起來。在親戚面前表演節目、在公共場合乖巧聽話、體諒父母的心，這些都會讓大人高興，但時間久了，她被訓練得失去了自我。一直接受這樣的管教，只有按照父母的要求生活，才能得到肯定和讚揚。一旦形成這種意識，就成了慣性思維。

其實，成為別人眼中的好孩子並不一定是快樂的事，孩子真實的內心感受只有自己清楚。小佳與她最好的朋友聊天時說，她常常感到不幸福，覺得心理負擔很大。小佳的朋友也具有高敏感特性，兩人經常在一起做深度交流，將自己的感受說給對方聽。

小佳的朋友對她說，可以試著跟大人多溝通，說出內心的想法，讓他們看到自己的內心世界，這樣可以快樂一些。小佳聽從了朋友的建議，當媽媽讓她做一件不喜歡的事時，她鼓起勇氣說「不」，並跟媽媽解釋了原因。那一次，她沒有了被逼迫的感覺，這讓她感到了久違的愉悅。

對於孩子來說，快樂是永恆的幸福，是他們一直想要追求的。作為家長也需要知道，與其將自己的孩子培養成別人眼中的好孩子，不如讓他成為一個快樂的孩子。

高爾基曾說過：「快樂，是人生中最偉大的事。」

幸福也是成功的必要條件，而幸福的關鍵在於快樂。對於孩子來說，快樂才是真正的幸福。我們要怎麼讓敏感的孩子獲得快樂呢？

第一，家長要放鬆心態，不要把緊張的感覺傳染給孩子，造成他們無形的壓力。

很多家長望子成龍、望女成鳳，認為將孩子培養得優秀比讓他快樂更重要。

家長們習慣了「成功才是關鍵」，從孩子出生開始就發誓要將最好的都給他們，為他們安排好一切，只為讓他們擁有美好的未來。可孩子並不覺得開心，特別是高敏感的孩子，他們會感到壓力，感到沒有自由。父母傳遞給他們的壓力和挑戰會讓他們感到緊張，繼而壓抑自己的情感。

當我們回首往事時會發現，只有童年時期是人生中最無憂無慮、最快樂的一段時光，可以想笑就笑、想哭就哭、恣意揮灑。而成年人的世界充滿了緊張和壓迫，因此大人不應該把壓力滲透給孩子、讓他們感到壓抑和痛苦，也不要強行改變他們的高敏感行為，要相信詩人李白的那句「天生我才必有用」，把一切都交給孩子自己，給他們一個自由的生活空間。

第二，和孩子一起成長，站在孩子的角度考慮問題，保留孩子的童真。成人的快樂也許很難獲得，但讓孩子感到快樂其實很簡單。媽媽的微笑、溫柔的問候、一份生日禮物、老師的誇獎、吃到喜歡的食物、睡覺時有爸爸哄……這些快樂很簡單也很容易獲得。

家長切忌用自己的快樂標準去衡量孩子，要站在孩子的角度思考，讓孩子保持住自己的快樂標準。

孩子都喜歡被誇讚和鼓勵，了解孩子內心的想法，按照孩子喜歡的方式去對待他，他會更加高興。

第三，讓孩子列一份「快樂清單」，有目標、有計畫地獲得快樂。女孩小鹿很在意別人的看法，老師一句簡單的評價會讓她冥思苦想好多天，她覺得上學太累了，感受不到任何樂趣。

小鹿的老師得知了她的敏感特性，提出讓她將自己覺得快樂的事情寫在紙上，每次獨立做完一件事情就記錄下來，等再被別人影響而感到困擾時，就將之前寫的「快樂清單」拿出來看一遍，這樣就沒有多餘的時間去苦惱別人說了什麼。

讓孩子主動列一份「快樂清單」，用快樂填滿他們的心靈。還可以讓他們做一些愉悅的事情，用忙碌擠走不開心。

第四，保留孩子的自我選擇權，傾聽他們的意見，讓他們按照自己的喜好和習慣做事。

愛因斯坦說過興趣是最好的老師。

家長要尊重孩子的興趣和愛好，不要過度干涉，要讓孩子按照自己的興趣去學習。孩子喜歡跆拳道，家長非要讓他學舞蹈；孩子喜歡古箏，但家長認為彈鋼琴更好，強迫孩子去學。這會讓高敏感的孩子感到壓抑，最後興趣變成了壓力，孩子怎麼會獲得快樂呢。

高敏感的孩子有他們自己習慣的做事風格，在做出決定前會花很多時間去思考。家長不要認為這是浪費時間，更不要著急，不要輕易打破孩子世界裡的固有模式。

允許孩子保留他們獲得快樂的方式，讓他們感知到內心最真實的聲音，難道還有比這更好的方法嗎？

第五，養育孩子的快樂與收穫是一個互相給予的過程。父母陪伴孩子成長，孩子也讓父母感到愉悅，父母再把這份愉悅傳遞給孩子。

古希臘哲學家伊比鳩魯（Epicurus）認為，快樂是幸福生活的開始和目的，是一種感官感受，是愉快的情感感受。

讓孩子體會成長的快樂，發現生活的美好和樂趣，自由地追求自己喜歡的東西。而陪伴孩子成長的我們也會收穫孕育子女的快樂。

在養育高敏感孩子的過程中同樣也會獲得快樂，對於家長來說，引導孩子走出負面情緒，幫助他們正確了解自己的小敏感，也能獲得成就感。

陪孩子長大，這是一個不確定的過程，當中充滿了無限可能。和孩子一起面對生活的坎坷和曲折，感知這個五彩斑斕的世界，遇見美好的未來，這大概就是屬於我們彼此的幸福和快樂吧。

你需要給孩子正面的心理暗示

「暗示」這個詞往往帶著一些玄妙的感覺，某些情況下，心理醫生會透過催眠療法替患者解決心理問題，催眠發揮的就是暗示的作用。暗示並不是明確的表達，而是透過含蓄的語言或動作傳遞某種意思，從而使人領會。

相比一般的兒童，高敏感兒童會更在意周圍人的語言、動作、神態，會不由自主地揣摩和猜測這些行為背後更深層的意思。他們的心靈敏感而脆弱，如果家長發揮主觀能動性，主動給高敏感孩子一些正面向上的心理暗示，孩子也會相應地朝著樂觀的方向發展。

心理學上有個著名的比馬龍效應，它表明了期待和讚美可以產生奇蹟。這個效應來自古希臘的一個神話傳說，比馬龍是神話故事中的主角。他擅長雕刻，用神奇的技藝雕刻了一位美麗的少女，而後不可自拔地愛上了她，並替她取名為葛拉蒂雅，還替她穿上長袍，親吻和擁抱她。

但這位少女只是一個雕像。一次次的表白並不能讓比馬龍得到任何回應，絕望的他帶著祭品來到神殿求助阿芙蘿黛蒂女神，期望這位象徵著愛情與美麗的女神可以賜予他一個像葛拉蒂雅一樣的妻子。女神被他的決心和真誠感動，決定幫助他。

比馬龍回家後走到雕像面前，深情地凝視，慢慢地，雕像的臉頰泛起血色，眼睛有了光澤，嘴唇微張，莞爾一笑。葛拉蒂雅朝他走來，溫柔地看著他，隨後開口說了話。這位雕塑少女活了過來，而且成了他的妻子。

雕塑可以變成美麗優雅的少女，這是比馬龍積極讚美和期待的結果。雖然是一個神話故事，但常常被應用在心理學中，羅森塔爾實驗所應用的就是比馬龍效應。

美國著名的心理學家羅森塔爾（Rosenthal）來到一所小學，分別在 1 ～ 6 年級裡抽取三個班，並對這 18 個班級的學生做了未來發展趨勢的測驗。接著擬了一份名單交給校長，稱名單上的學生是最有發展前途的，而且要求校方保密，不得將名單洩漏出去，這樣可以保證實驗的準確性。但事實上，這份名單上的學生是他隨機抽取的。八個月後，他再次來到學校，讓這 18 個班進行了複試，結果顯示名單上的學生進步飛快，而且在生活方面也變得更加正面樂觀。

在羅森塔爾離開學校的這八個月，校方和老師都對名單上的學生格外照顧，而且對他們產生了極高的期許，這對名單上的學生來說是一種正面的心理暗示。可見諸如期待、讚許、鼓勵這般的心理暗示對孩子成長的幫助是巨大的。

高敏感兒童對心理暗示的接收能力比一般孩子更強一些。如果外界給他們的感覺是善良的、溫和的、充滿正能量的，那麼他們感知到的也就是正面的、樂觀的。當周圍的聲音是否定的、帶有偏見的，那麼他們就會在敏感的道路上徘徊不前，陷入負面情緒的惡性循環，甚至產生自卑感，出現社交障礙。

同社區的張女士對育兒有著獨到的見解。她發現女兒小雨對氣味很敏感，家裡的廁所是她每次大掃除的重點，不能留下一丁點異味，否則小雨就會因為有氣味而拒絕進入廁所。小雨還很感性，看到卡通片裡離別的場面會哭，低落的情緒會一直持續到睡前。在張女士忙時，小雨會主動收拾自己的玩具和衣服，她打電話給公司的聲音稍微大一點時，小雨會很乖巧地坐在小桌子前看繪本，偷偷觀察媽媽的表情。

這一系列的行為被張女士看在眼裡，她看了許多關於育兒的書，知道有一種孩子天生敏感，對周圍事物的感知更深刻。在知道孩子具有高敏感的特質後，她便非常關注孩子的情緒，時刻注意她是否具有跟從前不一樣的行為。

最近，小雨不太願意去幼稚園，也拒絕去上繪本課。張女士發現小雨這幾次從幼稚園回來後有些悶悶不樂，連最喜歡的蝦仁都不吃了。她從幼稚園老師那裡了解了情況，原來小雨被幼稚園的小朋友孤立了。她對氣味太敏感，總是覺得廁所有味道，所以大家都指著她叫「狗鼻子」。張女士並沒有忽視小雨的情緒變化，她跟女兒說：「原來小雨還有這麼優秀的特質啊！你知道有一種狗狗叫警犬嗎？」

張女士將警犬幫助警察查案的故事講給小雨聽，轉移小雨對「狗鼻子」的注意力。她告訴小雨這是一種特殊的功能，並不是壞習慣。小雨聽完故事說：「媽媽，小朋友都不跟我玩，都躲著我。」張女士說：「那小雨下次就跟其他小朋友講警犬的故事，讓他們知道可以聞到氣味是很棒的！」

張女士在傳遞女兒小雨一種正面的心理暗示，用生動的故事暗示小雨，聞到氣味是正常行為，「狗鼻子」也是一種讚美，不讓小雨對這件事產生自卑心理。同時，她跟幼稚園的老師溝通，在合理範圍內加強對公共區域的消毒和清潔，並替小雨設定了一個小職務，叫「氣味小幫手」，幫助其他小朋友養成良好的衛生習慣。老師藉此機會宣傳小朋友要講衛生，這也是一種正向的心理暗示，不僅可以培養孩子的衛生習慣，還能帶給小雨樂觀的心態。

一個高敏感的孩子坐在窗前哭泣，窗外，她的媽媽在埋葬剛剛死去的小狗，她和小狗是最好的夥伴，從前經常和它一起散步。她的爺爺看到了，急忙把孩子帶到另一扇窗前，窗外是玫瑰花在盛開，有蜜蜂和蝴蝶在玫瑰花中飛舞。

當孩子沉浸在悲觀的情緒中時，家長要讓他們看生活中正面樂觀的一面，透過語言、動作、神態等，傳遞給他們一些正能量的心理暗示，引導他們從悲觀的情緒中解脫出來，讓他們的思想和行動朝著正面的方向前進。

著名學者湯瑪斯（Thomas）認為，大腦中存在的意念是人的身體在發出指令，這些意念可以引起或治癒某些疾病。

湯瑪斯將暗示的力量詮釋了出來，悲觀的心理暗示會使人產生負面能量，影響身體健康和未來的發展趨勢。而正面的心理暗示會讓人產生動力，對學習和生活充滿期待和熱情。

對於處於敏感情緒中的高敏感兒童來說，家長經常給他們一些正面的心理暗示，能讓高敏感兒童走出思維惡性循環，用樂觀的心態去接受自己的「小敏感」，從而完成敏感力天賦的轉化。

相信孩子會越來越好

作為家長，照顧和教育好一個高敏感的孩子需要付出很多心血。在陪伴孩子成長的過程中，應該相信自己的孩子會越來越好。不過要注意一點，家長首先要照顧好自己，愛自己和相信自己是一切的前提。

如果家長和孩子都具有高敏感特質，我們不妨想像一下高敏感父母撫養孩子的過程會順利嗎？現實生活中也的確存在這樣的現象，父親或母親其中一方是高敏感人格，孩子也是高敏感兒童。其實這種情況是具有很多優勢的。

第一，思考問題的步調一致。都喜歡深思熟慮後再做決定，父母與孩子的生活節奏會很合拍。

第二，對情緒的感知很敏銳，都會受到情緒的影響，因此會格外注意彼此的情緒，家庭成員可以一起面對與解決。

第三，互相不會覺得對方「奇怪」。彼此是同類人，可以敞開心扉去溝通，照顧到對方的感受。

第四，高敏感的成年人擁有豐富的經驗，可以預先做好準備，當孩子遇到相似的問題時，大人有相應的解決方法。

第五，家長會帶給孩子榜樣作用。孩子的模仿能力很強，身邊有個鮮明的榜樣，他們也會更有信心去模仿。

但唯物辯證法教導我們，凡事都具有兩面性，優勢既然存在，相對的劣勢也是有目共睹的。

孩子高敏感特質的轉化需要經歷一個漫長的過程，貫穿孩子整個成長期，要日復一日地堅持和完善。但高敏感的人會一直掛記著一件沒有完成的事情。因此在孩子實現敏感力轉化前，高敏感的家長往往會很著急，這種焦急和忐忑的情緒也會傳染給高敏感的孩子，影響孩子成長。

新手父母或多或少都會焦慮和擔心，害怕自己帶不好，耽誤孩子的成長，畢恭畢敬地按照書本上寫的內容養育孩子。育兒專家說：三個月的孩子會翻身，八個月會爬。可自己的孩子三個月了還不會翻身，要在家長的介入下才能很笨拙地翻過來，手臂力量不足，支撐不到三秒又趴下了，於是家長把一顆心都掛在孩子翻身上，三個月、四個月、五個月……直到孩子能夠自己翻身。

上述的翻身事件，普通人都會感到焦慮不安，高敏感族群恐怕更苦惱，甚至日夜不安，擔心孩子是不是有毛病。反覆在網路上搜尋相關內容，結果變得更加焦慮，開始懷疑孩子是不是腦性麻痺。其實我們都知道，除非病理性原因，孩子翻身是分先後的。有的寶寶活潑好動，三個月就會翻身；有的寶寶要晚一些，五、六個月才會翻身，這都是正常的。可是高敏感的人就是控制不住去想，不由自主地將關注點放在上面，引發焦慮不安的負面情緒。

高敏感的父母相信孩子會變得越來越好，可以實現敏感力的轉化。但有時會過度強調，超出負荷地鼓勵孩子，反而讓孩子產生反抗心理，出現負面情緒。這是一種典型的「超限效應」。

什麼是「超限效應」呢？讓我透過一個小故事來解釋一下。

美國著名作家馬克·吐溫（Mark Twain）經常去參加教堂活動。有一次他來到教堂，發現一個牧師正在演講，他認為牧師說得很有道理，於是決定捐一些善款。但這個牧師演講時間太長了，講來講去沒完沒了，馬克·吐溫的耐心被一點點消磨掉，最後開始不耐煩，認為牧師的演講耽誤了他寶貴的時間。結果演講結束後，他一分錢都沒有捐，氣憤地走了。

心理學將這種刺激過多、時間過久引起的不耐煩心理稱作是「超限效應」。

「過猶不及」就是一種「超限效應」。過猶不及是指事情做得過度了，反而和做得不夠一樣。用唯物辯證法來解釋就是，量變引起質變，要堅持適度原則。

老一輩的很多人崇尚「棍棒底下出孝子」，堅持「小孩能罵不能誇」，習慣用責罵的方式達到教育的目的。適當的責罵的確會讓孩子產生動力，但過多的責罵會引起孩子的反抗心理，尤其是高敏感的孩子，他們可能不作聲，但心裡是厭煩的。

讚揚和責罵一樣，都會過猶不及。如果對孩子毫不吝嗇地讚揚鼓勵，希望他們每時每刻都徜徉在讚美的海洋中，敏感的孩子也會多想，甚至認為家長用了反諷的修辭手法。孩子會產生更多壓力，敏感的狀態也越來越明顯。因此家長在讚揚和鼓勵孩子時，也需要節制。

幼稚園裡一樣大的兩個高敏感孩子笑笑和琳琳，笑笑的父母相信孩子，講究隨性自在，對待孩子也格外寬容，用對方法後，一切就交給孩子自己決定；而琳琳的父母則認為孩子還小，需要不斷地鼓勵，孩子不能做決定，需要大人控制好，免得將來後悔。兩個孩子在不同的環境中成長，父母都堅信孩子能夠獲得高敏感的優勢力量，但具體的做法大相逕庭，結果也迥然不同。

進入小學後，笑笑變得從容自信，雖然還是喜歡一個人的感覺，但也有要好的朋友，偶爾還會和朋友來一次促膝長談。但琳琳變得更內向了，沒有自信，內心也更加敏感。

面對過多的鼓勵，琳琳受到「超限效應」的影響，覺得父母的讚美很廉價，完全沒有挑戰性。鼓勵非但沒有轉化為動力，反而讓她變得自卑，因為她認為父母是在同情她。

敏感的孩子對大人的鼓勵也同樣敏感，最初聽到讚美時，他們是開心的，自信的。但當大人反覆強調，一次又一次毫不吝嗇地讚美，效果反而會出現偏差。如果孩子不需要努力就可以得到讚美與鼓勵，那麼努力的意義也就缺失了。

泰戈爾（Tagore）曾說過：「不要著急，最好的總會在不經意的時候出現。」相信孩子會變得越來越好，相信一切都是最好的安排，信任和支持自己的孩子，同時也要相信孩子的高敏感特質會帶給他們快樂和幸福。想要孩子成為怎樣的人，那麼你就先去成為那樣的人。如果家長願意相信孩子，適當放手，還他們童真和自由，那麼他們就會隨著你的心理暗示一點一點地變好，愛上自己的小敏感，而且承受得住時間的考驗。

一切都是最好的安排。相信自己，相信孩子，相信他們的小敏感會成長為真正的優勢，擁抱幸福。

尾聲　愛自己，愛孩子

休完產假回公司上班的第一天，我過度焦慮了。

一直以來我都在調整自己的狀態，感到心裡不舒服時都會採取「自救」的方法來緩解，頗有一種「久病成醫」的既視感。長久以來，我可以清楚地感知來自內心的聲音，每當有一點焦慮、不安、恐懼時，我都會第一時間告訴自己停下來，分散注意力，不去多想。

這一次過度焦慮，從它出現的那一刻起，我就感知到了。

我們公司休產假是從懷孕二十週開始，也就是說可以休十個月。從 2020 年 3 月開始一直到年底，由於恰巧處在特殊時期，我很少去公共場所，也很少與人交流，每天除了寫作，就是在社區或公園散步。雨桐出生後，和我交流最多的就是她了。2021 年過完元旦去公司報到那天，我發現自己有了社交障礙，對人際交往充滿了不安和恐懼。

那天，我接到人事的調令，去營業部報到，我負責的部門有 34 個品牌、145 個員工，其中包含十幾個難纏的供應商，日後洽談工作會非常吃力。第一次開早會，面對一百多名員工，黑壓壓一片站在我面前，我發現自己心跳加快，雙手發抖，額頭冒冷汗。為了不在員工面前表現出我的恐懼，我極力隱藏自己的情緒，忍著不舒服開完了產後的第一次早會。當人群散去，我才鬆了一口氣，退到無人的地方緩和了一會兒。

真不可思議，我竟然有了輕度的社交恐懼心理。在我尚未從社交恐懼的黑洞裡掙扎出來時，高敏感特質的負面影響又轟轟烈烈地上演了，我開始胡思亂想，陷入負面情緒的惡性循環。

「我才休完產假回來，孩子才五個月，人事就安排我到這麼重要的部門，人事經理對我有意見嗎？她是不是想逼我辭職？難道公司有裁員計畫了，想透過這種方法讓我主動離開？」

「助理在跟我交接工作時怎麼面無表情？她不開心？難道是因為我安排給她的工作太多了？她是不是對我有意見？我該怎麼跟下屬融洽相處呢？」

「這個部門的張總我並不熟悉，以後的工作該怎麼進行？怎麼才能得到上級主管的認可呢？」

「剛才開早會時，有幾個員工偷偷看我，她們是不是聽出來我緊張了？這可怎麼辦，主管的權威就這麼毀了嗎？」

「紳士正裝的供應商每一個都不能得罪，他們最喜歡越級彙報，直接去找老闆，那我就糟糕了！怎麼才能做到不卑不亢地談好事情，卻又不得罪人呢？」

瞧，一個高敏感的人陷入胡思亂想中是多麼可怕，對未來的未知、徬徨和恐懼、不安和焦慮，都在上班的第一天爆發出來了。深度處理已接收的資訊，擔心還未發生的事，與人溝通時會恐懼，面對未來會焦慮，在意別人的看法，會受周圍人情緒的影響，敏感多疑……

呵，我似乎沒救了，控制不住焦慮的心情。

好在我一直都很關注自己的心理健康，心靈上一有些風吹草動就會及時處理，不給心靈「感冒」的機會。

於是我找了個安靜的餐廳點了兩個最愛的菜，再點一碗銀耳蓮子羹當甜品，享受美食帶給我的愉悅。接著我把目前焦慮的事情一一列出來，預測了一下這些令我感到焦慮的事並不會馬上發生。一週以後，可怕的事依舊沒有發生，我意識到是我杞人憂天了，於是不再排斥上班。接下來的一個月，我用系統脫敏法擺脫社交恐懼心理，先從簡單的人際關係開始，找一個品牌經理或員工交流，從簡單的寒暄深入到複雜的工作。一個月後，就算跟五百個人開會我也不恐懼了，我發現自己並沒有想像中那麼緊張，一切都在順利地進行，恐懼感也在逐漸消失。

接下來我用正面的心理暗示來調節情緒，我告訴自己，兵來將擋，水來土掩，一切都會變得好起來，我會一天比一天好，工作也會一點一點變得順心。不要焦慮未知的明天，要過好現在的生活。

敏感力的轉化並非一朝一夕就可以實現，可能這一生都在轉化的過程中，我們唯一能夠肯定的就是，敏感力是以肉眼看不到的形態在轉化，我們的狀態會逐漸變好。不要急於求成，也不要追求完美，做好自己，尋找到令自己舒服的狀態就足夠。

道理懂得很多，真正經歷人生時卻又會遇到各式各樣的變數。

作為一個高敏感的人，我並沒有否定自己，反而很感激高敏感特質給予我的天賦。愛做夢，喜歡幻想，想像力豐富，所以我會十年如一日地寫作，我想要透過自己的綿薄之力幫助更多的人，讓更多的人了解和認可高敏感，我希望做一些有意義的事情，讓我的人生充滿陽光。

我很愛我自己，喜歡自己的小敏感，並時刻關注自己的心理健康，如果我的「自救」不發揮作用，我會去找心理醫生尋求幫助。但事實上，要治療心靈上的「感冒」還需要依靠自己，在得到心理醫生的指導、家人的支持後，自己也需要積極努力。能夠解開心結把自己解救出來的，永遠是自己。

所以，愛自己是愛他人的基礎，只有愛自己，將自己照顧好，保持身心健康，我們才能更好地愛他人。

作為一個高敏感的成年人，我深知這些「小敏感」會帶給自己什麼困擾，就算敏感力越來越強，那些困擾我們的小敏感依舊會時不時跑出來刷新一下存在感，就像我休完產假回來上班時的狀態那樣。成年人尚且如此，更何況是高敏感兒童呢？他們還那麼小，那麼需要父母的呵護和陪伴、幫助和引導，他們的未來有那麼多的可能性，我們真的得做些什麼，讓他們能夠正確了解自己的小敏感，而且將優勢發揮出來，促成敏感力的轉化。

心理學家伊萊恩·阿倫博士的那句話真的很有道理，她說：

「與其長大成人後再去撫平過去的傷痕，不如趁孩子還小時就想辦法預防問題的發生，這樣做勢必簡單許多。」

作為一個高敏感的媽媽，其實我也有焦慮感，但孩子出生後被我一一化解了，我想把我的經驗分享給同樣高敏感的讀者媽媽，如果有效果，我會很開心的。

我是一個相對來說比較有耐心的人，面對嬰兒的啼哭，我可以面不改色地連續哄五次。孩子哭了，我抱起來，哄好了放下；再哭，我再抱起來，如此連續五次。第六次是我的極限，可孩子哭了，我又不能任由她哭，如果情緒不好時去哄，孩子會感受到的。這個時候有兩種方法應對，第一，立刻交給孩子的爸爸，讓他有機會成為拯救我和孩子的英雄；如果老公不在，那麼就交給我婆婆，我則癱在床上閉上眼睛自我調整，讓情緒穩定下來。假如是全職媽媽，那麼就只能用第二種「再試一次」的方法了。

第二種方法需要我們在孩子的哭鬧中平復心情，千萬別把負面情緒傳遞給孩子，要告訴自己：「不要焦慮，也別煩躁，寶寶太小了，她一定是因為不舒服才會哭，她需要我去解救，只有我才能拯救她，寶寶沒有錯，我一定要哄好她。」

於是我第六次抱起我家寶寶，抱著她在客廳來回走，她很聰明，只要我一停下，她就會哭得更厲害。我需要一邊走一邊輕輕地拍她，並輕聲對她說：「雨桐乖，不哭了哦，你自己睡不著，媽媽拍著你，你就可以睡啦。不要怕，媽媽在身邊保護你，媽媽一直都在。」

我家寶寶連續哭好幾次是因為沒有睡好，屬於特例，各位媽媽一定要從寶寶的實際情況出發，如果是因為發燒感冒或腸絞痛等病理性哭泣，一定要及時看醫生，交給專業的人去處理。

成為媽媽後，我的心變得更柔軟，不想讓她受到任何傷害，希望她可以平安長大。我會盡力去做一個好媽媽，控制自己的情緒，在養育孩子的同時，和她一起成長。

這本書送給我的寶寶，希望她可以永遠快樂。

我們都是茫茫人海中最普通的存在，但在愛我們的人面前，卻又是閃閃發光的存在。

從此刻起，愛自己，愛孩子。世界那麼大，還有更廣闊的天空、更動人的星辰、更澎湃的大海等著我們去尋找。

所以，一定要好好生活呀！

電子書購買

爽讀 APP

國家圖書館出版品預行編目資料

敏感力覺醒！激發高敏感孩子的內在潛能：情緒管理、人際交往、自我接納、潛能開發⋯⋯挖掘敏感背後的寶藏，全方位強化孩子的高敏力 / 李小妃 著 . -- 第一版 . -- 臺北市：財經錢線文化事業有限公司 , 2024.12

面；　公分

POD 版

ISBN 978-626-408-116-0(平裝)

1.CST: 親職教育 2.CST: 子女教育 3.CST: 兒童發展 4.CST: 兒童心理學

528.2　　113019279

敏感力覺醒！激發高敏感孩子的內在潛能：情緒管理、人際交往、自我接納、潛能開發⋯⋯挖掘敏感背後的寶藏，全方位強化孩子的高敏力

臉書

作　　者：李小妃

責任編輯：高惠娟

發 行 人：黃振庭

出 版 者：財經錢線文化事業有限公司

發 行 者：崧燁文化事業有限公司

E-mail：sonbookservice@gmail.com

粉 絲 頁：https://www.facebook.com/sonbookss/

網　　址：https://sonbook.net/

地　　址：台北市中正區重慶南路一段 61 號 8 樓

8F., No.61, Sec. 1, Chongqing S. Rd., Zhongzheng Dist., Taipei City 100, Taiwan

電　　話：(02) 2370-3310　　　傳　　真：(02) 2388-1990

印　　刷：京峯數位服務有限公司

律師顧問：廣華律師事務所 張珮琦律師

定　　價：350 元

發行日期：2024 年 12 月第一版

◎本書以 POD 印製

Design Assets from Freepik.com